はじめに

おせち料理はもっとも晴れがましい節句料理の代表です。私たちの先祖は自然を崇拝し、海の幸、山のなり物、里の恵みに感謝して暮らしておりました。新年を迎える際には心を込めておせち料理を作り、五穀豊穣をもたらしてくださる年神様にお供えしました。新しい年がいい年でありますように、家族みなが幸せでありますようにと願いを込めて。そして神様と同じものをいただきました。こうした先人たちの営みや知恵が、正月のおせち料理や雑煮に表われています。

早いもので、ばぁばの母、お千代さんから受け継いだおせちを作り続けて、七十有余年がたちました。おせちはおせち、変わらない伝統の食ではありますが、お千代さんから教わった味、私が工夫をして生まれた味が、時代を超えて一つのお重に詰められ、我が家のおせちになっています。

みなさまには、おせちを一年に一度、手作りのよさを見直すいい機会と捉えていただけたらと思います。いい材料を選ぶことにはじまって、段取りをしながら家族のために一生懸命に手作りするからこそ、おせち料理はおいしいのです。うれしいのです。まにあわせで買ってきたおせちが、口に合わない、味気ないと感じるのはあたりまえのこと。

私の料理教室では毎年、十一月から十二月にかけて、おせち二十三品をお教えしています。ところが、生徒さんたちは全部作るのはとても無理ですとおっしゃいます。ですから何はなくとも、祝い肴三種とお雑煮だけはお作りくださいね、紅白なますも体にやさしい一品ですから、ぜひとお伝えしています。たとえ数品でも毎年作り続けていれば、必ずおいしくできるようになります。

おせちは別格の料理ではありますが、一家の幸せや健康を願って旬の食材で料理を作るという習慣がふだんから身についていたら、こんなにいいことはありません。おいしい料理はご自分だけでなく、家族のみなさんを幸せな気分にしてあげられます。旬の素材を使っておいしい料理を作れば、何より健康につながります。私はそんなことを考えながら、暮らしてきました。

子どもたちにとっても、おいしい手作りの料理や寿《こと》ぎ《ほ》の記憶があれば、人生はとても豊かなものになるでしょう。私自身がそうでした。あなたのご家族もそうであったらと願ってやみません。

鈴木登紀子

目次

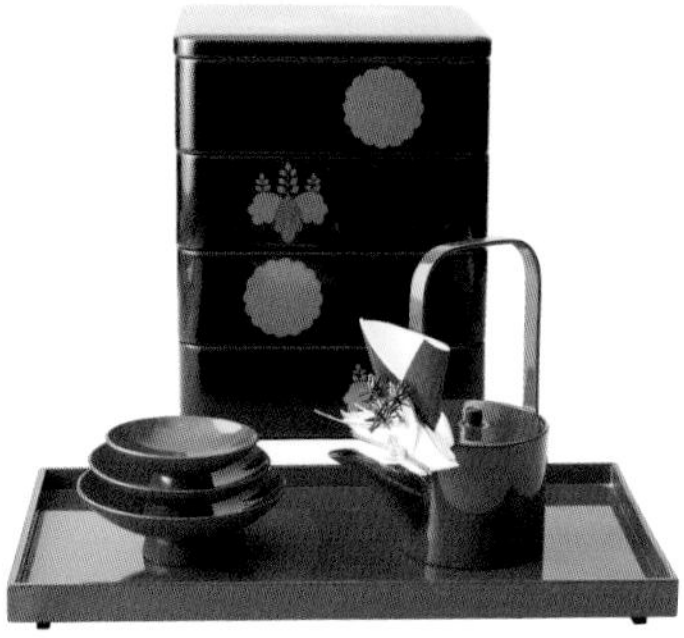

●一の重

本書の決り
1カップは200mℓ、1合は180mℓ、
大さじ1は15mℓ、小さじ1は5mℓ。
塩は天然塩、砂糖は上白糖、酢は穀物酢を使用しています。しょうゆと表記しているのは濃口しょうゆのことです。

●二の重

●三の重

おせちの段取りカレンダー

11月半ば

黒豆、田作りの
新のものが出そろったところで買う。
干ししいたけ、昆布、
かんぴょうもそろえる。

12月初め

台所用品を
チェック。
必要なら
新しいものを
買う。

15日〜

おせちの
メニューリストを作る。
冷蔵庫の掃除と整理。
お正月用品用の
スペースを作る。
重箱、お椀、祝い箸など
お正月用食器の
チェックと用意。

何事もそうですが、
おせち作りこそ
段取りが大切です。
ご参考までに
十一月の半ばから
大晦日までの準備を
書き出してみました。

20日

調味料のチェックをして、足りないものを用意。25日までに数の子、屠蘇散を買う。

21日

22日

23日

24日

25日

餅を注文したり、野菜を購入する。

26日

27日

28日

肉類、魚類を買う。しめ飾りを買う。数の子を水につけて塩抜きをする。

29日

黒豆、あんこを煮る。紅白なますを作る。塩気を抜いた数の子を調味しただし汁につける。

30日

残りの酢の物、田作り、昆布巻き、いり鶏（または煮しめ）を作る。

31日

伊達巻きと他の焼き物を焼く。かまぼこを紅白に染める。飾り切りをする。夜、おせちを重箱に詰める。

調理道具について

拾ってきた石も、かまぼこの板も、使い方次第で立派な道具として調理に貢献してくれます。手入れは怠らず、いつもぴかぴかに。これが長もちの秘訣です。

・鉄のフライパン、ふた

フライパンは熱の通りがよく劣化もしない、鉄製しか使いません。〝牛のたたき ばぁば風〟もこれで作りました。

・両手鍋

両手があると鍋返しができるので、煮物の時に使うとつやよく仕上がります。

・卵焼き器

大、中、小とサイズ違いで持っていると便利。

・アルミ製の浅鍋

おせち料理なら昆布巻き、煮なます。ふだんでも煮魚などに。登場回数の多い鍋です。

・木ぶた、重し

伊達巻きには欠かせない木ぶたと、石にアルミフォイルを巻いた重し。

・すり鉢、すりこぎ

すり鉢はなるべく口径の広い大きなもの、すりこぎは太くて長い山椒の木を。

・鬼す、巻きす

伊達巻きには三角の竹ひごの鬼す、岩石卵には一般的な巻きすと使い分けて。

・蒸し器

何十年も愛用。中華鍋の上にのせて使います。

・穴あきお玉

ぎんなんの薄皮むきに欠かせない道具です。

・かまぼこの板

ぎんなんを割る時の台になります。捨てないで、とっておきましょう。

・流し缶

サイズ違いで持っているといいです。小さいものは卵豆腐などに。

台所用品を新しく

新年を迎えるにあたって、台所回りの品々も点検します。古びたものは処分して新しくすると、気持ちまで新たになるものです。

・ふきん

新年には必ず新しいものに取り替えます。必要なのは手ふき用のふきん、台ふき、器ふき用のタオル、漆器の二度ぶき用のガーゼ、まな板ふきなどです。

・菜箸

私は短めの27センチを愛用。

・保存容器

重ねて収納できるものが便利。ポリエチレン製、ほうろう製やガラス製など、お好みで。

・湯のみ茶碗

湯のみを新しくすると、新年の挨拶に見えたお客さまも気持ちがいいことでしょう。

おせちの思い出

故郷の青森県八戸では大晦日に新年のお祝いをします。母は〝下りもの〟といって商店から伊勢えびや神馬草《じんばそう》と呼ばれる海藻まで、お正月用の品物を準備万端に調えておりました。思えば、ばぁばの実家のおせちは、ちゃんとしておりましたね。お重のほかに鉢物がたくさん並びます。そして、津軽海峡で揚がる大きなひらめやまぐろのおさしみがつきものでした。こうしたごちそうがめいめいに、浄法寺塗の足つきのお膳につけられるわけです。お椀は秀衡《ひでひら》塗です。口取りにりんごかんやみかんの輪切りがつきました。当時はみかんが木箱に入っていてお歳暮になったものでした。子ども心にうれしいものでしたよ。

お雑煮用のお餅は、寒い地方のことですぐにかたくなるので、五段の餅箱に入れてありました。それでも数日で角がかたくなる。家族が多かったですし、みんながお餅は五個だ七個だと名乗りを上げるのよ。七輪や火鉢で焼くのでは追いつかない量です。それで母は湯餅にしておりました。熱湯にお餅をつけると、つきたてのようでおいしいのです。三が日は南部雑煮、四日目からは胃にやさしい、引き菜雑煮が決りでした。

胃にやさしいといえば紅白なますも必ず。鮭の頭を薄切りにした氷頭《ひず》なますもおいしかったわ。鮭の南蛮酢漬けもありました。鮭は厚すぎるとおいしくない、薄すぎてもけちくさい。加減があるものです。当時はセロリはなかったから、ねぎとにんじんを入れていたと思います。

おせち料理は煮物にお雑煮と野菜をたくさん使うでしょう。年末には女たちみんなで刻み物に励んだものでしたよ。それに、洗い物もたくさん。お正月のお雑煮をいただいたあとはお椀を洗うでしょ。その時は大きな竹のざるにおふきんをかぶせて、洗ったお椀を重ねていきます。それをやわらかいおふきんでふくわけです。二度ふいて最後は紅《も》絹《み》でぴかぴかにふき上げます。とにかく、おふきんをいっぱい用意するの。少しでも湿ったら新しいのに取り替えなさいと言われたものです。そのころに仕込まれたから、今もおふきんをたくさん使っておりますね。母やお嫁さん、娘が集って女が五、六人でうきうきと台所仕事を楽しんだものでした。

時代はすっかり変わりました。手仕事もすっかり変わりましたが、残るものは残る。そんなふうに思っております。

祝い肴三種と紅白なます

祝い肴は一年の幸を願って作られる、おせち料理の代表です。黒豆は新しい年をまめに過ごせますように、しわが寄るまで息災になどの願いが込められています。田作りは、昔の人々が豊作祈願して田に片口いわしをまいたところから、こう呼ばれます。数の子は黄金色の卵がぎっしり詰まったさまに子孫繁栄を重ねています。紅白なますもおめでたく体にやさしい一品です。これにお雑煮があれば立派なお正月です。どうぞ心を込めてお作りくださいませ。

紅白なます

作り方は22ページ

数の子

作り方は25ページ

黒豆

作り方は22ページ

田作り

作り方は24ページ

一の重

酒の肴になる口取りや焼き物を詰めました。おめでたい紅白かまぼこに、卵の黄色が鮮やかなべっこう寄せ、伊達巻き、えびの若菜焼きの三種は春の先駆けを感じさせます。また、ぶりの照焼き、あわびの酒蒸し、焼き帆立と魚介の酒肴を贅沢に盛り込みました。

●一の重

焼き帆立
伊達巻き
紅白かまぼこ
えびの若菜焼き
ぶりの照焼き
あわびの酒蒸し
べっこう寄せ

作り方は26〜33ページ

二の重

味変りを組み合わせました。のし鶏や煮なますは母から受け継いだおせちの定番。お宝巻きや牛のたたきなどは、肉が食べたいという家族の声に応えた私のオリジナルです。母から教わった味、私が工夫した味が一つのお重に詰められ、我が家のおせちになりました。

●二の重
のし鶏
お宝巻き
岩石卵
いかの鹿の子焼き
牛のたたき　ばぁば風
昆布巻き
煮なます
鮭の南蛮酢
菊花かぶ
作り方は34〜45ページ

三の重

いり鶏

いり鶏は母から伝えられた我が家のおせちの定番です。煮物上手だった母。このいり鶏には、翌日以降もおいしくいただける工夫がいくつも込められています。たっぷりと作って家族やお客さまに満足してもらうのが、母の流儀でした。

●三の重

いり鶏

鶏肉、里芋、干ししいたけ、こんにゃく、にんじん、ごぼう、蓮根

作り方は46ページ

与の重

和菓子を詰めます。子どものころはそれが何より楽しみでした。松竹梅に扇、亀甲などをかたどった縁起のいいものを入れましょう。

●与の重

正月の上生菓子

●祝い肴

黒豆

黒豆は充分に水でもどしてください。そして煮る時はほたほたとした弱火がちょうどいい火加減です。常に豆の二～三センチ上まで煮汁があるようにさし水をするので、鍋から離れずに煮汁から豆が顔を出さないようにします。砂糖を入れるタイミングは、親指と力の入れづらい小指とで豆をはさんでつぶれるくらいになったら。砂糖の量は黒豆二カップに対して三カップ。これで一週間は日もちがします。

●酢の物

紅白なます

大根に対してにんじんは一割。それ以上入れたら品がなくなります。お正月は生野菜が少ないので、しゃっきりとした清涼感のあるなますは、とてもいいお口直しになります。

材料（作りやすい分量）

大根 600g

にんじん 60g

塩 大さじ1弱

A
- 砂糖 大さじ3
- 酢 大さじ4

作り方

1 大根は4㎝長さに切り、皮をむく。縦の面を1か所薄く切って面を下にして動かないようにし、薄切りにする。全体を少しずつずらして並べて縦のせん切りにする。にんじんも同様に切る。

2 大きめのボウルに**1**を入れて塩をふり、初めは弱く、水分が出てきたら次第に強くもんでしんなりさせる。水気が少し残るくらいに軽く絞る。

3 Aを加えて箸でまんべんなく混ぜ、ふたつきの容器に入れて冷蔵庫に入れる。1日2～3回混ぜて味をなじませる。2日目からが食べごろ。

材料（作りやすい分量）
黒豆（粒のそろった新豆）　2カップ
砂糖　3カップ
しょうゆ　大さじ1

作り方

1　黒豆は、流水の下でざるに入れてガラガラと洗う。厚手の鍋に入れて4倍の水を加え、一晩おいてもどす。

2　水ごと鍋を強火にかけ、沸騰したらさし水½カップを注ぐ（a）。浮いてくる白い泡を丁寧にすくいながら（b）、弱火にして約3時間煮続ける。途中で豆が顔を出さないよう3回さし水を繰り返す。

3　親指と小指ではさんで楽につぶれるくらいになったら、砂糖を一気に加え、15〜20分煮る。しょうゆを加えて一煮立ちさせて火を止め、アルミフォイルを豆にぴったりとかけ（c）、さらに鍋にもかけて冷めるまでおき、容器に移す。

黒豆は甘くなかったら
おいしくありません。
甘いなと思ったら
少しだけ
食べればいいのですから。

a　さし水をすると豆がびっくりしたように沈むので“びっくり水”、または“しわのばし”ともいう。

b　煮立たせると出てくる白い泡のあくは黒豆に含まれるえぐみのもと、サポニン成分。さし水をしながら丁寧に取る。

c　つやよく仕上げるために、豆がなるべく空気に触れないようアルミフォイルを豆と鍋に二重にかぶせる。

●祝い肴

田作り

田作りは片口いわしを干したもので別名はごまめ(五万米)。だしのもとですからうまみがあります。新鮮なものはへの字の形をしていますので、いいものを選んでください。作り方のこつは弱い火で絶えず菜箸を動かしながら、手でぽきっと折れるまで、焦がさないよう辛抱強くいること。そして最後に酒をふって一混ぜすることで、くっつかずぱらぱらの仕上りになります。

初めて私の田作りを召し上がった方は、田作りがこんなにおいしいとは知らなかった、とおっしゃいます。

材料（作りやすい分量）

ごまめ（背が青く腹が銀色に輝き、への字形のもの）　50g

A
- 砂糖　大さじ2
- しょうゆ　大さじ1
- 水　小さじ1

酒　大さじ1

作り方

1　ごまめは紙の上で5〜6回つまみ上げてごみを落とし、きれいにする。フライパンに½量を入れて弱火でゆっくりとからいりをし、香りが出てきたら1尾を取り出して冷まし、ぽきっと折れるくらいになったら(a)、紙の上に広げて粗熱を取る。残りも同様にする。

2　底の広い鍋にAを入れて中火にかけ、煮立って泡が大きくなったら1のごまめを一気に入れて菜箸で手早く混ぜてからめる(b)。酒をふって一混ぜしたら、すぐにバットにあけて広げ、冷ます。

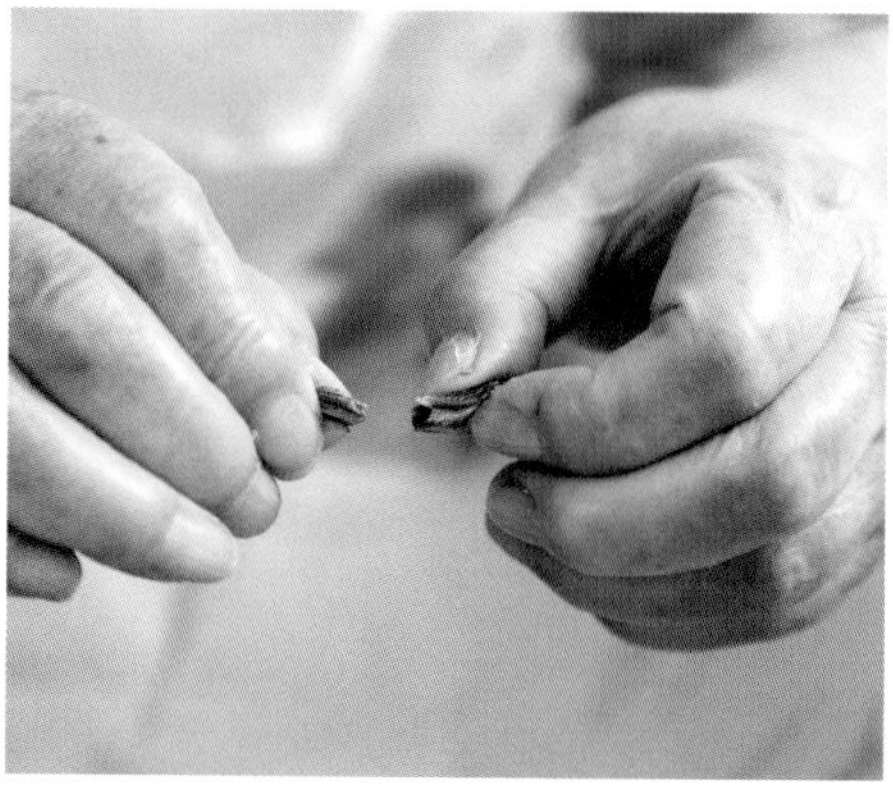

a　からいりのフライパンの温度が上がってきたら火から下ろして温度調整を。ぽきっと折れるまでじっくりいる。

b　ごまめを入れるタイミングは泡が大きくなって煮つまった状態。

●祝い肴 数の子

数の子は塩抜きの加減が大切。つけている水を替える時、端をちょこっとつまんで味見します。〝ほんのりと塩気があるくらい〟がちょうどいい。時間では計れませんのでよく確かめてみてください。また、一度出た水が戻らないようにたっぷりの水につけてください。塩抜きに一日、味を含ませるのに一日はおきたいので、三日前には準備を始めたいものです。

材料（作りやすい分量）

数の子　300g

A
- だし汁　2½カップ
- 酒　大さじ3
- うす口しょうゆ　大さじ1½

塩　少々

作り方

1　数の子は、さっと洗ってたっぷりの水につけ、1日に2回水を替える。端をつまんで食べてみて、ほんのりと塩気があるくらいになったら、流水の下で親指の腹を使ってこするようにして丁寧に薄皮を取る(a)。容器に入れる。

2　Aを鍋に入れて一煮立ちさせ、よく冷ましてから1の数の子に注ぎ入れる。冷蔵庫で1～2日おいて味を含ませる。食べやすい大きさに切る。

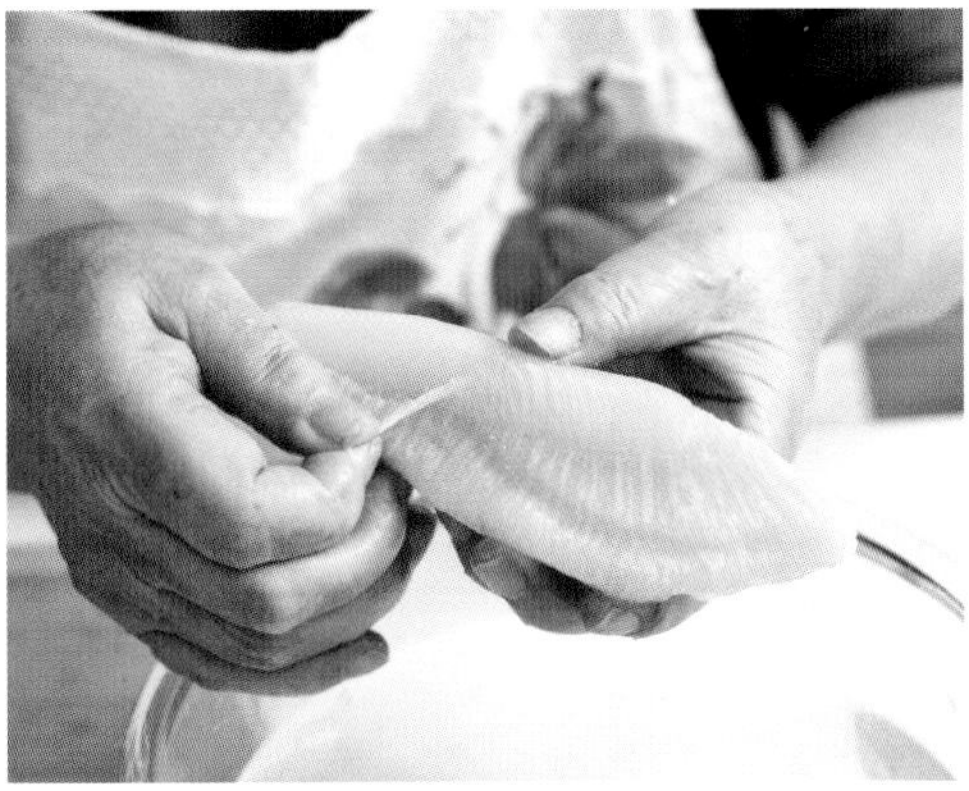

a　薄皮は力を入れて引っ張ると切れるので、身をくずさないように丁寧に取る。

●一の重

伊達巻き

おいしく作るこつは、いい材料を使うこと。口当りがなめらかになります。それから火加減。終始弱火で焼きます。砂糖をたっぷり使って、じっくり焼くことで、黄金色の焼きつやが出て日もちもよくなります。ゆっくり気持ちを落ち着かせて鍋から離れずに。巻き方も重要です。鬼す（太い竹の巻きす）を使って、一回目は鬼すを巻き込むようにして模様をつけ、二回目はきっちりと形を作ります。

材料（22㎝角の卵焼き器1台分）

卵　大9個
白身魚（すり身）　80g
大和芋（すりおろす）　大さじ1強
A
　砂糖　1カップ
　塩　小さじ1
　うす口しょうゆ　大さじ1
だし汁　1カップ
サラダ油　大さじ2～3

作り方

1　すりこぎで魚のすり身をよくすり、大和芋をすり鉢の側面ですりおろしながら加え(a)、よくすり混ぜる。卵白1個分を加えてよくすり混ぜ、なめらかになったら卵黄1個分を加えてよくすり混ぜる(b)。残りの卵は全卵を1個ずつ加えては、すり混ぜる。

2　Aを加えてすり混ぜ、だし汁を加えてさらにすり混ぜる。

3　卵焼き器を熱して油大さじ1強をひき、**2**を静かに流し入れ(c)、弱火にして木ぶたと重しをのせ(d)、ときどき鍋の位置を動かしながら表面が乾くまでゆっくりと焼く。

4　鍋の四隅と内側に竹串をぐるりと入れて回し、鍋から外してから木ぶたを当て、裏返してのせる。カット綿に油を含ませ、鍋に手早くひく。

5　4を木ぶたからすべり込ませて鍋に戻し、木ぶたで押しながら火の中央で鍋を動かし、軽く焼き目をつけて火を通す。木ぶたを当てて再び裏返し中身を木ぶたにのせ、鬼すの凹凸面を当てて、鬼すの手前3cmほど空けて移す。

6　手前から向うへ折ってくるくる巻き上げる（e）。鬼すの片端がのの字に食い込んで、内側にもぎざぎざ模様ができる。熱いうちに行なう。輪ゴムでとめ、5〜6分おく。

7　模様がついたらほどいて、今度はのり巻きのように巻き直し（f）、輪ゴムで両端をしっかりとめる。底に熱がこもらないよう、箸2本の上で完全に冷ます。

a　すり鉢は直径30cm前後の大ぶりのものがおすすめ。大和芋は手で持つ部分の皮は残しておくと作業しやすい。

b　卵は一気に加えずに、卵白1個分、卵黄1個分、残りの卵は全卵を1個ずつ、それぞれよくすり混ぜながら加える。

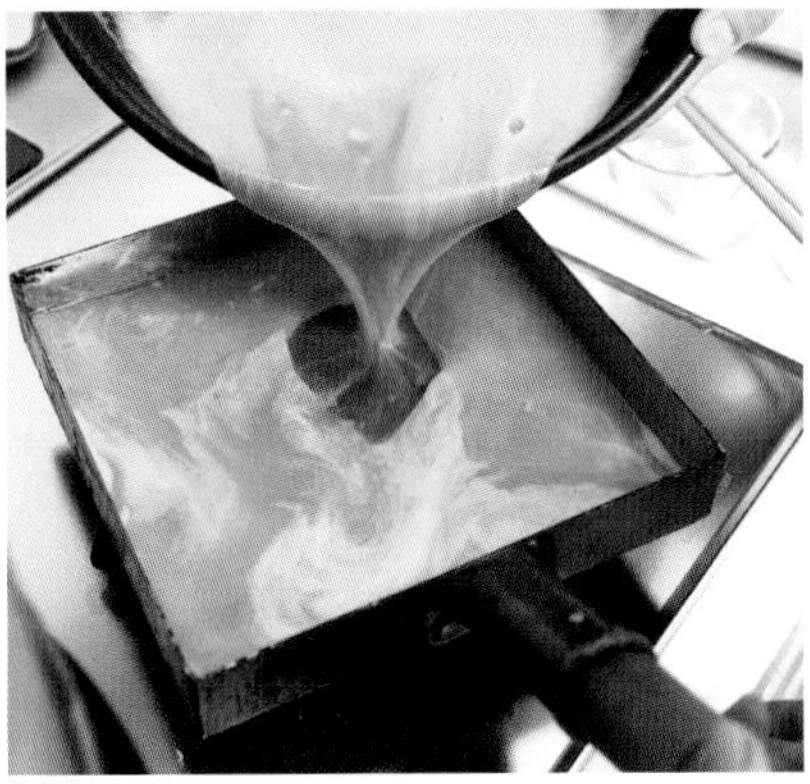

c　油の量が少ないと卵液がくっついてうまくひっくり返せないので注意する。

d　焼いていると次第に卵液が膨らんでくるので、木ぶたの上から重しをする。

e　伊達巻きの仕上りのよしあしを決める大事な工程。熱いうちにきっちりと巻くことで、きれいなのの字になる。

f　もう一度巻き直すのは、冷ましながら形を整えて、全体を落ち着かせるため。離して並べた箸2本の上にのせて冷ます。

●一の重
べっこう寄せ

金沢に「べろべろ」という郷土料理があります。それを私流に甘さを控えて、卵を多めにしたのがこの料理で、お口直しにぴったりです。寒天に流し込んだ卵がべっこう模様に見えてきれいでしょう。寒天とだしですから、ヘルシーな料理です。

a 水でもどした寒天は、細かくほぐしておくと煮溶かしやすい。

b とき卵は必ず煮立った汁の中に入れる。温度が低いと卵に火が通らない。つゆしょうがを回し入れる。

c 流し缶に入れる時は一気に。そのままおいて、粗熱が取れたら冷蔵庫に入れる。

d とき卵が模様になって、どこから切ってもきれいな仕上り。

材料（15×12cmの流し缶1台分）

寒天（棒）　1本
だし汁　2½カップ
A
　酒　大さじ1
　砂糖　大さじ1
　しょうゆ　大さじ2
塩　少々
卵　2個（よくとく）
つゆしょうが（しょうがのしぼり汁）　大さじ1

作り方

1　寒天は、さっと水洗いをして四つにちぎり、水につけて浮いてこないようお皿などをのせて30分ほどおいてもどす。ふきんにとってきつく絞って細かくほぐす（a）。

2　鍋にだし汁を入れ、**1**を加えて中火にかけ、やさしく混ぜながら煮溶かす。

3　別の鍋に**2**をこしながら入れ、一煮立ちさせてAを加えてよく混ぜ、煮立ったら、とき卵を手早く細く回し入れる（b）。

4　卵の色が変わったらつゆしょうがを回し入れ、流し缶に一気にあけて（c）冷蔵庫で冷やし固める（d）。

●一の重　紅白かまぼこ

市販のかまぼこの朱色は濃すぎて〝おてもやん〟みたい。おせちに詰めるのににぎやかすぎてはいただけません。自分で染めれば、ほんのりピンク色になって上品です。

材料（作りやすい分量）

かまぼこ（白）　1本
食紅　適量

作り方

1　良質のかまぼこを用意。包丁を入れて2等分にし、半分を板から切り離しておく。深めのお皿（バット）に食紅を薄く水で溶き、板についたかまぼこを持って、3～4回左右に動かして染める（a）。

2　すぐに水洗いをして、敷いたふきんの中で水気を取る。紅白それぞれのかまぼこを1cm幅に切り、重箱に交互に詰める。

a　かまぼこを板につけたまま作業をすると、手も汚れず、スムーズにできる。

●一の重 えびの若菜焼き

お正月の縁起物として好まれるのがえびです。車えびを奮発しませんか。色鮮やかで華やぎがあり、お味も極上です。若菜焼きは初春らしく、開いた身の上を卵黄、青菜で飾ります。

●一の重 ぶりの照焼き

ぶりは師走に旬を迎えます。お正月のころはことに脂がのっておいしい魚です。おせちにはつけ汁に浸してから焼いて、冷めてもおいしいように濃めの味に仕立てます。

材料（作りやすい分量）

ぶり　5切れ

A
- 酒　大さじ2
- みりん　大さじ3
- 砂糖　大さじ1
- しょうゆ　大さじ4

作り方

1　ぶりは1切れを二つに切る。バットにAを合わせてぶりを並べ、ときどき返しながら3時間ほど浸す(a)。

2　オーブンを250℃に温め、天板にオーブンシートを敷いて**1**を並べ、6〜7分焼く。焼上りにみりん（分量外）をひとはけぬる。

a　濃めのつけ汁にしっかりつけて味をよくしみ込ませる。均等な味になるよう、ときどき返すことを忘れずに。

材料（作りやすい分量）

車えび　5尾
酒　大さじ2
塩　小さじ¼
卵黄　2個分（とく）
青菜　少々（さっとゆでる）

作り方

1　えびは頭のつけ根に包丁を入れ、尾に向かって背開きにする。背わたを取り除く。

2　竹串を身を開くように横に2本刺す（a）。バットに酒と塩を合わせて、**1**を身を下にして並べて下味をつける（b）。

3　オーブンを250℃に熱し、オーブンシートを敷いた天板に**2**を身を上にして並べて5～6分焼き、殻が赤くなったら取り出す。

4　開いた背の部分に卵黄をはけでぽってりとぬって（c）、乾かす程度にオーブンで熱して取り出す。熱いうちに串を回しながら抜き取り、刻んだ青菜を散らす。

えびは焼きすぎないこと。青菜は嫁菜がいいですが、大根の葉やせりでもいいです。

a　焼上りが丸まらずに形がいいように串を2か所に刺す。

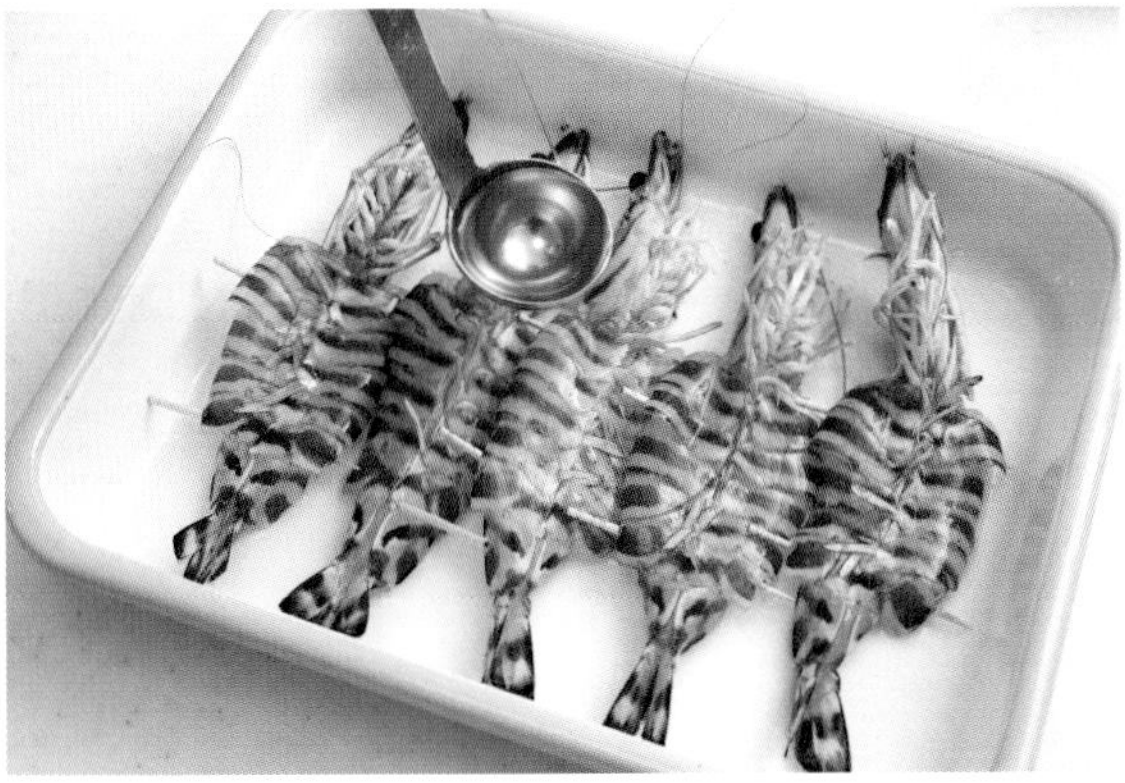

b　下味はシンプルに酒と塩。開いたほうを下にして味をしみ込みやすくする。

c　卵黄は2～3回重ねぬりするとたっぷりとつく。

●一の重

あわびの酒蒸し

あわびをやわらかく蒸すには酒と蒸す時間が重要です。長時間蒸すほどにふかふかとやわらかくなります。火加減は中火です。火が弱いとやわらかくなりません。途中、水がなくならないように気をつけながら蒸してください。

材料（作りやすい分量）
あわび　小4個
粗塩　適量
酒　大さじ2

作り方

1　殻つきのままあわびをよく水洗いし、粗塩をふり（a）、たわしでこすり洗いをして、身や殻についた海藻などを取り除く（b）。

2　皿に並べ、あわび1個につき酒大さじ½をふってから、蒸気の上がった蒸し器で1時間半ほど中火で蒸す（c）。皿を取り出し、冷ます。

3　殻から身を外し、肝を引っ張って取り出し、食べやすい大きさに切り分ける（d）。

a　あわびに粗塩をたっぷりのせると、身がしまって、おいしくなる。

b　塩とともにたわしで磨いて身の表面の汚れやぬめりを取り、水洗いする。

c　殻つきのまま皿にのせて蒸気の上がった蒸し器に入れる。

d　身を取り出すときは、殻についている肝を引っ張るように取り出して、食べやすく切る。

一の重

焼き帆立

帆立は甘みのある貝なので、ほんのりとした塩気があればいいですね。味がしみ込みやすいように、細かく布目に包丁を入れます。いかの鹿《か》の子《こ》焼きと同じくシンプルだけれどおいしい一品です。

材料（作りやすい分量）

帆立の貝柱　10個

A ┌ 酒　大さじ2
　└ うす口しょうゆ　小さじ1

サラダ油　適量

作り方

1　帆立の貝柱に布目に包丁を入れ（a）、Aを混ぜ合わせた中に5分ほど浸す。

2　フライパンに油をひいて中火で熱し、両面に焼き色をつける（b）。オーブンの場合は250℃で少し色づくまで焼く。

a　布目包丁とは貝やいか、こんにゃくなどかたくて味がしみ込みにくいものの表面に縦横の切れ目を入れること。

b　フライパンで焼く時もオーブンの時も少し焼き色がつくくらいがいい。焼きすぎに注意する。

●二の重
のし鶏

熨斗鶏と書きます。けしの実をのせたものは鶏の松風焼きとも呼ばれ、昔からあるお料理の一つです。みそを入れて味を濃くし、しっかりと火を通しますので日もちがします。鶏肉は精肉店で皮と脂を取ってもらい二度びきにすると、よりなめらかになって、癖もなく味わいもよくなります。

材料（作りやすい分量）

鶏ひき肉　400g
（もも肉3枚、手羽肉1枚の皮と脂を取り除き二度びき）

A
- 卵　1個（とく）
- 砂糖　大さじ4〜5
- しょうゆ　大さじ3
- 西京みそ　大さじ2

けしの実、青のり　各適量
サラダ油　少々

けしの実と
青のりの
市松模様は
母のアイディアです。

作り方

1　肉の半量を鍋に入れ、菜箸4〜5本を使って中火で混ぜながらからいりをする(a)。

2　**1**の色が変わったらすり鉢に入れ、よくする。残りの生の肉を加えてさらによくすり混ぜる。Aを順番に加えてよくすり混ぜる(b)。

3　25cm長さのアルミフォイルをまな板の上に広げ、サラダ油を薄くひいて**2**をのせ、12×16cm角(厚さ約3cm)に平らにのばし、アルミフォイルの周囲を立てて箱形にする。縦長に置き、左右¼のところに、それぞれけしの実をのせる。余分なところにけしの実が散らないよう、かたい紙でついたてをすると境界線が一直線になる(c)。250℃のオーブンに入れて7〜8分焼き、アルミフォイルをかけてさらに7〜8分焼く。竹串を刺して汁が出てこなければ焼上り。

4　そのまま冷まし、真ん中の空いた部分に青のりをのせる。この時も紙でついたてを作って青のりが散らないようにすると完成がきれい。周囲を薄く切り取って、横長に置き、上下2等分に切り、さらに端から2.5〜3cm幅に切りそろえる(d)。けしの実と青のりが市松模様になるように盛りつける。

a　鶏そぼろを作る。4〜5本の菜箸を使って肉がくっつかないようにからいりをする。

b　からいりした肉、生の肉を合わせてすり混ぜると、火の通りがよく、かたくならない。

c　カードで仕切りをして、けしの実をむらなくふりかける。反対の端も同様にする。

d　焼き上げて冷ましたら、真ん中に青のりをふりかける。8等分に切り、市松模様になるよう盛りつける。

●二の重

昆布巻き

以前は昔どおりの身欠きにしんで作っていましたが、食べ慣れていない人も多いので、鮭に替えて好評です。鮭は脂がのっている腹身を使うと昆布がいっそうおいしくなります。

甘みを加えずに
酢としょうゆだけで
煮るのが
ばぁば流です。
昆布本来の味が残って
おいしいですよ。

材料（作りやすい分量）
昆布（20㎝長さ）　12枚
生鮭のはらす　4切れ（それぞれ3本に切る）
かんぴょう（22㎝長さ）　24本
昆布のつけ水　7〜8カップ
酢　小さじ1
A［酒　大さじ3
　しょうゆ　大さじ3
塩　適量

作り方

1　昆布は、ぬれぶきんでさっとふいてバットに並べ、水を5〜6㎝の高さまで注いで、浮かないように重しをして、30分ほどつけてもどす（つけ汁はとっておく）。きつく絞ったふきんで水気をふく。

2　かんぴょうは、さっと水洗いをし、たっぷりの塩でもんでやわらかくして、水洗いをしてきつく絞る。

3　まな板の上に昆布を縦長に置いて、鮭を手前にのせてくるくると巻き（a）、かんぴょうで端から¼のところを二重にして結ぶ。反対側も結ぶ（b）。

4　浅鍋に**3**をきっちりと並べ（c）、昆布のつけ水をかぶるくらいに入れ、酢を加えて煮る。

5　煮立つまでは強火、あとは中火の弱火であくを丁寧にすくいながら煮る。竹串が楽に通るようになったらAを加えて弱火で30分ほど煮る。煮汁につけたまま容器に移し、冷めたら1本を半分に切る。

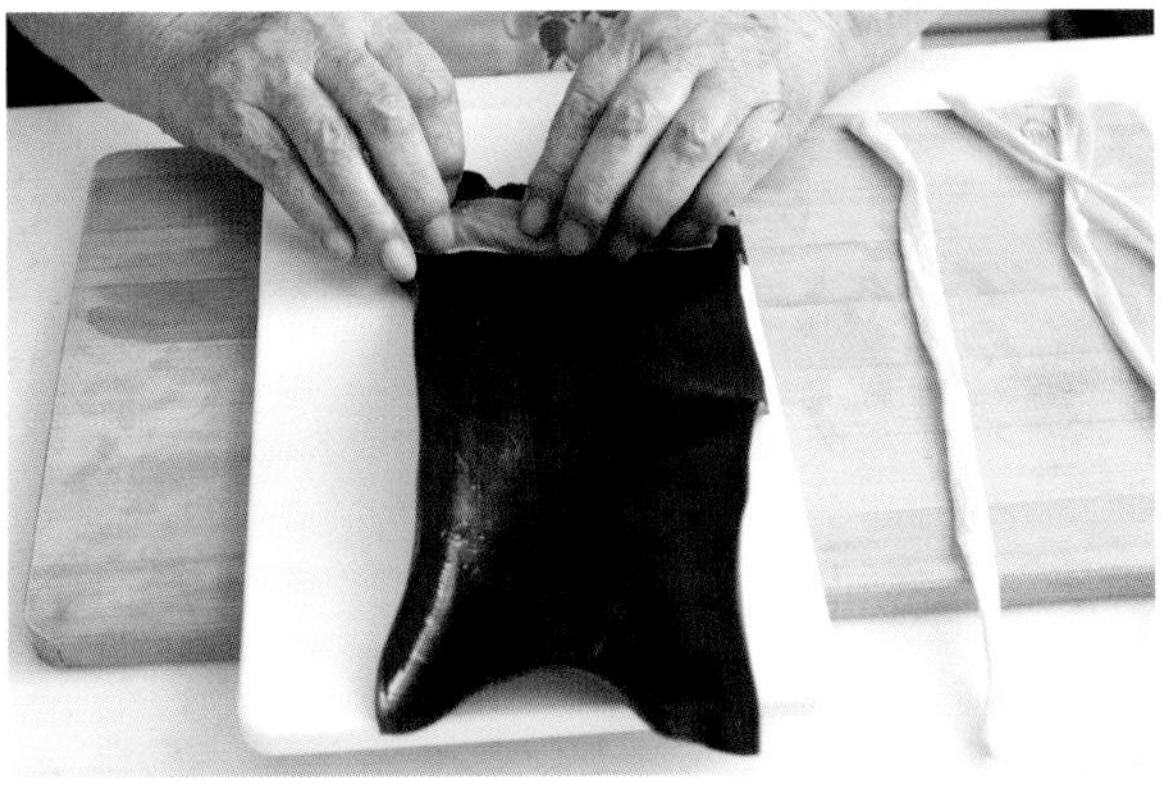

a　昆布の水分をよくふき取らないと、つるつるすべって、うまく巻けない。

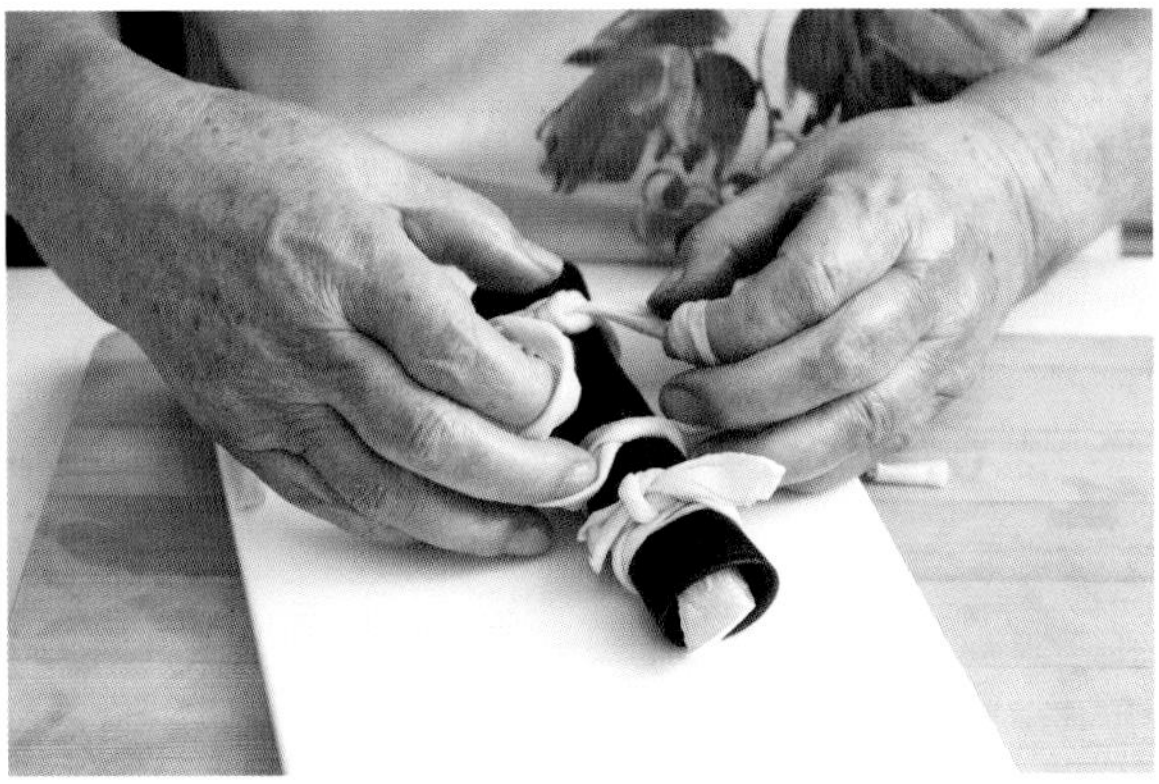

b　結び終りを切り、もう片方も結ぶ。結び方は文結びにしてそろえるときれい。

c　煮ている時に動かないように、底の広い浅鍋に昆布巻きをきっちりと並べる。

●二の重

岩石卵

名前の由来は粗く刻んだゆで卵の白身が岩石の模様のように見えるから。伊達巻きよりも手軽に作れる、甘い箸休めです。蒸す時は卵の色が変わってしまうので強火は禁物ですよ。ほのかな湯気の立つ弱火でやんわりと。流し缶に入れて蒸してもいいでしょう。

材料（作りやすい分量）

卵　6個

A［砂糖　大さじ6
　 塩　少々

作り方

1　卵は、酢少々（分量外）を加えた水からゆではじめ、沸騰して13分で水にとる。殻をむき、黄身をボウルに入れて温かいうちにAを加え、手早くなめらかになるまで混ぜる（a）。

2　白身は、乾いたふきんの上で粗く刻み、黄身に加えて混ぜる（b）。巻きすにきつく絞ったぬれぶきんを広げて半量をのせ、棒状に形を整える（c）。

3　まずはふきんのみで手前から巻き、次に巻きすで巻いて、両端のふきんを指先で押し込んで形を整える（d）。たこ糸で結び、湯気の立った蒸し器に入れて弱火で7分蒸す。もう1本も同様に蒸す。冷めたら食べやすい大きさに切る。

a　ゆで卵の黄身が熱いうちに砂糖と塩を混ぜるのがポイント。

b　白身は、乾いたふきんの上で刻んでそのまま入れれば、まな板が汚れない。

c　巻きすとともにふきんを両手で持って、生地を寄せるようにして棒状にする。

d　巻きすできっちり巻けたら、両端のふきんを指先で押し込む。

●二の重

牛のたたき ばぁば風

お正月に限らず、これがあると食卓がいっぺんに華やぐ、みんなが大好きなお料理です。塊のままを奉書紙に包んで水引をかければ、新年のご挨拶の贈り物に。また、お客さまのお土産にもなって喜ばれます。

材料（作りやすい分量）

牛もも肉（焼きやすく、切りやすい長方形のもの） 300g
塩、こしょう 各適量
サラダ油 大さじ2
酒 大さじ2
しょうゆ 大さじ2
にんにく、しょうが（それぞれおろす） 各適量
細ねぎ（小口切り） 適量

作り方

1 肉の全面に塩、こしょうをして、ぺたぺたとたたきながらなじませる。

2 フライパンを中火で熱し、油をひいて肉を入れ、ゆすりながら焼き目をつける（a）。火からいったん下ろして酒としょうゆを加える。手早くふたをかぶせて弱火で6分ほど途中で返しながら焼く（b）。

3 バットに取り出し、焼き汁を少し煮つめて上から回しかける（c）。冷めてから薄切りにして、にんにく、しょうが、細ねぎなどを好みでのせる。

a おいしさを閉じ込めるように表面をすべて焼く。

b ふたをし、蒸焼きにしてジューシーに焼き上げる。

c 焼き汁をかけて冷ましながらじっくりと味をしみ込ませる。

●二の重

お宝巻き

鶏肉の中にぎんなん、チーズ、ゆで卵などの〝お宝〟を彩りよく入れて蒸した、和製テリーヌです。冷めてから好みの厚さに切っていただきます。冷蔵庫で約三日は保存可能です。

材料（1本分）

- 鶏もも肉　1枚（脂を取り除く）
- 塩　小さじ½
- こしょう　少々
- プロセスチーズ（5㎜角）　大さじ3
- ぎんなん　20粒
- ゆで卵　1個（粗みじん切り）
- A
  - 鶏ひき肉（皮と脂を取り除き二度びき）　150g
  - 玉ねぎ（すりおろす）　大さじ2
  - とき卵　½個分
  - 塩　小さじ¼
  - こしょう　少々

溶きがらしを
添えてもいいですし、
パンにはさんで
いただいても
おいしいです。

作り方

1　鶏もも肉は観音開きになるように包丁を入れる。塩、こしょうをふってなじませる（a）。

2　ボウルにAを入れてよく混ぜ、チーズを加えてさらによく混ぜる。

3　ぎんなんは、包丁の背でぽんとたたいて割り（b）、殻をむく。小鍋にひたひたの湯を沸かし、塩少々（分量外）を加えて中火にかけ、ぎんなんを入れて穴あきお玉でころころと転がして薄皮を取る（c）。火が通ったら取り出し、冷めてから**2**に加えて混ぜ、ゆで卵も加えて練らないように軽く混ぜる。

4　30cm長さのアルミフォイルに**1**を皮を下にして置き、**3**をのせて端と端を合わせるように包み（d）、合せ目を下にして置く。アルミフォイルの上面と両端をたたんで閉じ、かまぼこ形になるように整える。

5　蒸気の上がった蒸し器に入れ（e）、強火で30分蒸す。冷めてから好みの厚さに切る（f）。

a　鶏もも肉は塊の脂や筋をきれいに取り除いてから切り開くこと。

b　ぎんなんの殻の合せ目を上にして、包丁の背でたたいて殻を割る。慣れないと転がるので、ふきんを敷いてやるといい。

c　ひたひたの湯にぎんなんを入れ、穴あきお玉の裏でこするようにすると薄皮が簡単に取れる。

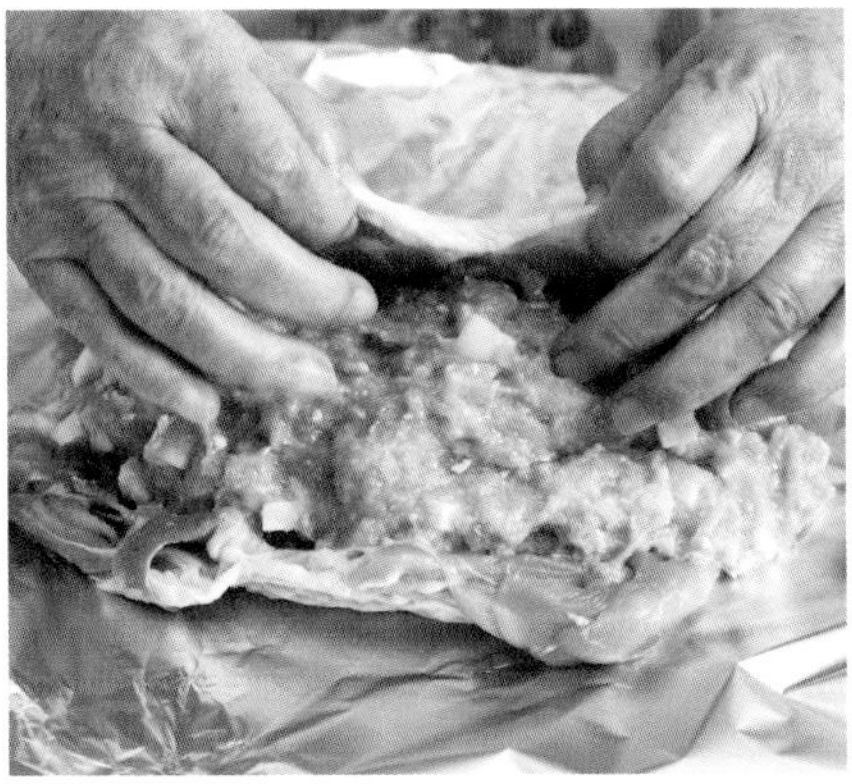

d　広げたアルミフォイルの上で、開いた鶏もも肉の内側に具をのせて包み込む。

e　アルミフォイルで包んできれいなかまぼこ形になるように整えてから、蒸し器に入れて強火で蒸す。

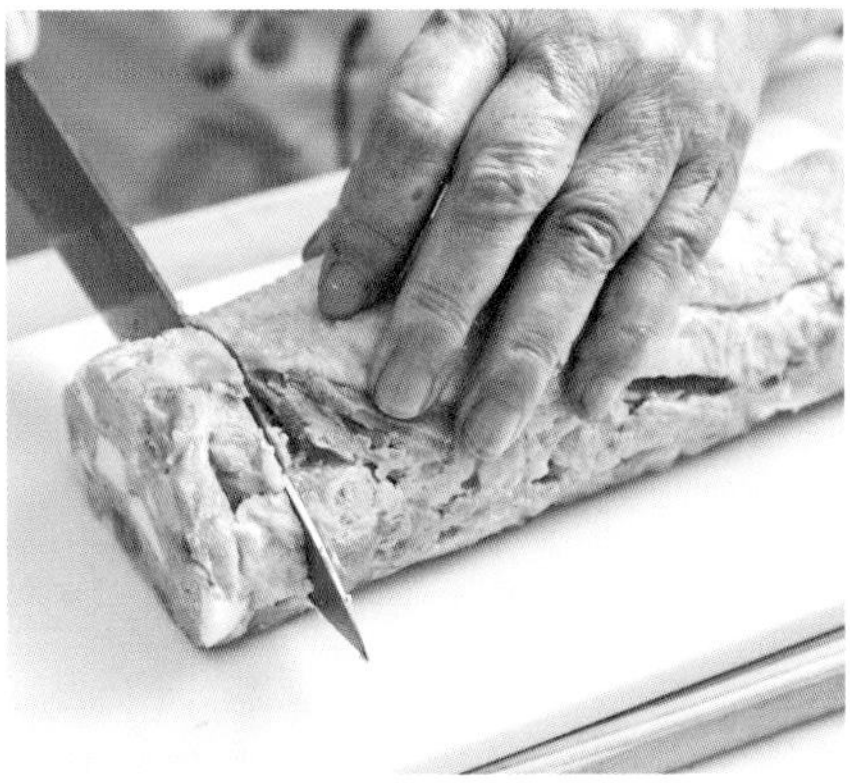

f　完全に冷めてから切ると形がくずれにくく切りやすい。ごく薄切りのオードブルにしても。

●二の重
鮭の南蛮酢

脂ののった旬の鮭で作りました。鶏もも肉、いか、さばもよろしいものです。特にあいなめは見栄えがよく絶品です。揚げたてのあつあつを南蛮酢に浸すのがこつ。その上にのせた野菜が熱でしんなりします。

材料（作りやすい分量）
生鮭　4切れ
ねぎ　2/3本
にんじん　40g（皮をむく）
セロリ　1本
南蛮酢（混ぜ合わせる）
- 酢　2/3カップ
- だし汁　1カップ
- 塩　小さじ1
- うす口しょうゆ　大さじ1
- 赤とうがらし　小2本（小口切り）

塩、こしょう　各少々
かたくり粉　適量
揚げ油　適量

作り方

1　ねぎは、3〜4㎝長さのぶつ切りにし、芯を取り出し、白い部分を5㎜幅の短冊切りにする。にんじん、セロリも同じ長さの薄切りにして、バットの片側に並べ、バットを傾けて低くなったほうに南蛮酢を入れる。

2　鮭は、1切れを5枚のそぎ切りにして軽く塩、こしょうをふり、ガーゼに包んだかたくり粉をぽんぽんとはたきつける（a）。

3　180℃の油に2を入れ、二〜三度ひっくり返して合計30〜40秒からりと揚げる。

4　揚がったそばから南蛮酢にジュッと浸し、1の野菜を南蛮酢にくぐらせて鮭の上にのせ（b）、バットの高いほうにずらす（c）。すべての鮭を揚げ、同様にして野菜をかぶせたらバットを平らにする。冷めてから容器に移す。

b　バットの低い側にたまった南蛮酢に揚げたての鮭を浸して、野菜をのせる。

c　鮭を野菜をのせたままバットの反対側の高いほうに移動させる。

a　かたくり粉はガーゼに包んではたく。まんべんなく薄くつけられる。

●二の重

いかの鹿の子焼き

鹿の子切りにすると、味が含みやすく、仕上りも美しいです。いかはすぐ火が通ってあっという間に丸まるので、丸まったものから取り出しましょう。

とにかく焼きすぎないこと。非常にシンプルなお料理ですが、おいしいですよ。

材料（作りやすい分量）

いかの胴（するめいか。開いて皮をむいたもの） 1ぱい分（250g）

つけ汁（混ぜ合わせる）

- みりん 大さじ4
- うす口しょうゆ 大さじ2
- サラダ油 大さじ2

サラダ油 小さじ½

作り方

1 いかは、ぬれぶきんでよくふいてぬめりなどを除き、上下をまっすぐに切り整えて、縦三つに切り分ける。

2 身の内側を表にして、厚みの半分くらいまで斜めに細かく包丁で切り目を入れる。格子状になるようにさらに切込みを入れ（a）、1枚を3等分に切る。

3 ボウルにつけ汁を入れ、2のいかを入れて5分ほどおく。

4 フライパンをよく熱し、油を入れてなじませ、火から下ろし、いかを切り目側を下にして並べる。中火にかけ、菜箸を添えながら焼く（b）。くるりと丸まったら火を止める。

a 鹿の子切りは、いかや貝類、こんにゃくに用いる切り方。素材に対して垂直に包丁を入れ、斜めの格子状に切込みを入れる。

b 丸まったらかたくならないように火を止める。

●二の重

煮なます

切干し大根が他の野菜の余分な水分を吸ってくれるので、歯ごたえよく仕上がります。

材料（作りやすい分量）

切干し大根　30g（さっと水洗いする）
干ししいたけ　5枚（さっと洗って、水でもどす）
にんじん　50g（皮をむく）
ごぼう　50g（たわしでこすり洗いする）
蓮根　50g（細めのもの。皮をむく）
しらたき　200g
油揚げ　1枚（熱湯で油抜きする）
ごま油　大さじ3
A
- 酒　大さじ3
- みりん　大さじ4強
- うす口しょうゆ　大さじ2
- 塩　少々

酢　大さじ2強
いりごま　適量

作り方

1　切干し大根は、たっぷりの水に5～6分つけてきつく絞り、食べやすい長さに切る。

2　干ししいたけは、きつく絞って石づきを取り、薄切りにする。

3　にんじんは3cm長さのせん切りに、ごぼうも同様に切り、蓮根は薄切りに、太いものはいちょう切りにする。ごぼうと蓮根は酢水（分量外）に放し、水洗いをして水気をきる。

4　しらたきは、水からゆで、沸騰したら5分ほどゆでて冷水にとり、水気をきって食べやすい長さに切る。油揚げは、縦二つに切ってせん切りにする（a）。

5　浅鍋にごま油を熱し、初めに切干し大根を中火でいため（b）、しらたき、**3**を順に加えていため、干ししいたけ、油揚げも加えてしんなりするまでいためる。

6　火を止めてAを加える。再び中火にかけ、煮汁がなくなったら酢を加えて（c）火を止め、よく混ぜてバットにあけて冷ましてからいりごまを散らす。

b　**煮なますの一番のポイントはこの切干し大根。全体をおいしくまとめる。**

a　**火が早く通って味もしみ込みやすいよう、材料はせん切りや薄切りにする。**

c　**最後に酢を加えることで香りがよく、ヘルシーでさっぱりとした味わいに。**

●二の重

菊花かぶ

白菊に見立てたかぶがおせちに花を添えます。酢の物は焼き物などのお口直しにもいいですよ。

かぶは海水くらいのしょっぱい塩水につけてしんなりさせてから、甘酢につけます。

材料（作りやすい分量）

かぶ　5個
塩　大さじ1
甘酢（混ぜ合わせる）
- 砂糖　大さじ3
- 酢　3/4カップ
- だし汁　3/4カップ

赤とうがらし　少々（種を取って、小口切り）

作り方

1　かぶは、茎と天地を切り落とし、皮をぐるりとむく（a）。茎がついていた面を下に向け、厚みの2/3くらいまで縦と横に細かく包丁で切り目を入れる（b）。裏返して十字に隠し包丁を入れ、食べやすくする。

2　ボウルに水3カップ、塩を入れて混ぜ、**1**を立てて入れ、30～40分おく。しんなりしたらきつく絞る。

3　容器に入れた甘酢に**2**を浸して一晩おく。味がなじんだら逆さにしてぎゅっと固く絞り、大きいものは4等分に切り分けてから、竹串で花びらのように開いて赤とうがらしを添える。あれば菊の葉をあしらう。

a　**かぶはそれぞれ天地を切り落として、高さをそろえてから皮をむく。**

b　**かぶの底から3～4㎜残して、包丁で切り目を入れる。**

●三の重

いり鶏

いり鶏は一つの鍋でできるのが手軽でいいところ。きれいなまま、おいしく日もちさせる母譲りの裏技があります。まず里芋は三回ゆでこぼすこと。ぬめりが取れて、煮くずれしにくくなります。鶏肉をいためる時は、一度温めた鍋底をぬれぶきんでジュッと冷やしてから入れると肉がくっつきません。やってみてくださいね。そしていためた肉と野菜はいったんざるに上げて熱湯を回しかけ、油抜きをします。これで冷めても鶏の脂が固まることなく、すっきりとした味に仕上がります。

材料（作りやすい分量）

鶏もも肉　1枚（250g）
里芋　10個（たわしでこすり洗い）
干ししいたけ　10枚
こんにゃく　1枚
にんじん　100g（皮をむく）
ごぼう　100g（たわしでこすり洗い）
蓮根　100g（厚めに皮をむく）
絹さや　適量（ゆでる）
A
- だし汁　3½カップ
- 酒　大さじ3
- 砂糖　大さじ6
- みりん　大さじ3
- しょうゆ　大さじ4

サラダ油　大さじ2

作り方

1　鶏肉は、まわりの脂を取り除いて2等分に切り、それぞれを六つのそぎ切りにする。

2　里芋は、天地（上下）を切り落とし、皮を下から上に6面になるようにむき（a）、流水の下でよく洗う。鍋にたっぷりの水を入れ、里芋を入れてゆでる。煮立つのを待って吹きこぼれないうちに湯を捨て、流水で洗う（b）。このゆでこぼしをあと2回繰り返し、ざるに上げる。

3　干ししいたけはさっと洗ってボウルに入れ、たっぷりの水に↙

一晩つけてもどす。きつく絞って軸を取り、裏に隠し包丁を1本入れる。

4　こんにゃくは、水からゆではじめ、沸騰して5分たったら冷水にとり、冷めたらスプーンなどで食べやすい大きさにちぎる(c)。

5　にんじんは、乱切りにして水に放す。ごぼう、蓮根も乱切りにし(d)、酢水（分量外）に放してあく止めをし、さっと水洗いをしてざるに上げる。

6　鍋に油大さじ1を入れて熱し、鍋底をぬれぶきんに当てて冷ます。1の肉と残りの油を入れて中火に戻し、野菜類を順番に加えて木じゃくしを使って軽くいためたらざるにとり、たっぷりの熱湯を回しかけて油抜きをする(e、f)。

7　鍋に6を戻し、Aを加えてあくを丁寧に取りながら、強めの中火で煮る。煮汁が半量ほどになったら落しぶたをして、汁気が少なくなったら鍋を前後に動かして汁気を飛ばしてバットにあける。冷めたら盛りつけ、絹さやを飾る。

a　**皮は下から上に、包丁を途中で止めずに一気にむくと表面がきれいになる。**

b　**里芋の下ゆでをしてぬめりをよく取ることが肝心。**

c　**こんにゃくは味の含みがよくなるようにスプーンでちぎる。**

d　**にんじん、ごぼう、蓮根などの野菜は乱切りに。**

e　**いためた肉や野菜に熱湯をかけて油抜きをすると、すきっとした味に仕上がる。**

f　**油抜きしたあとの湯が濁っているのがよくわかる。**

三の重

お煮しめ

いり鶏と同じ位置づけの料理がお煮しめです。根菜類と乾物を取り合わせて煮ます。品数は奇数にするのが決りで、七品にしました。少々手間がかかりますが、持ち味が生きるよう、材料ごとに味つけを変えます。野菜だけでこれほどの品格を表現できる日本料理のすばらしさを、みなさんに知っていただきたいです。

●三の重

お煮しめ

里芋
手綱こんにゃく
くわい
日の出にんじん
しいたけ
ごぼう
蓮根

作り方は50～55ページ

お煮しめ

里芋

土つきの里芋は鮮度が保たれ、おいしいものです。煮る前の日に洗って乾かしておくとぬめりが出にくく、むきやすいですよ。

材料（作りやすい分量）

里芋　16個
だし汁　4カップ
塩　小さじ2
うす口しょうゆ　小さじ1
酒　大さじ2

作り方

1　里芋は土つきを求め、洗って使う。天地を切り落とし、高さをそろえる（a）。切り口を上にして亀甲形にする。火の通り具合や味のしみ方がそろうよう、芋の大きさと厚さはできるだけそろえる。

2　切り口のでんぷんとぬめりを除くため、水にさらす。濁ったら水を取り替える。

3　煮る前にゆでこぼす。まず、たっぷりの水と一緒に鍋に入れ、中火にかけて煮立てる。煮立ってから2〜3分ゆでて芋の表面に火を通し、流しに運んでぬめりを洗い流す。

4　ぬめりの取れた芋にだし汁をかぶるほど加えてやわらかくなるまで煮、塩、うす口しょうゆ、酒（b）を加える。

5　懐紙などで落しぶたをして（c）、中火で7〜8分煮、竹串が通ったら（d）火を止め、汁の中でそのまま冷まし、ゆっくり味を含ませる。

a　里芋は天地を切り落とし、高さをそろえるため、まな板に並べてみること。

c　芋がくずれないよう、やわらかい和紙で落しぶたをするといい。

b　ぬめりを取ってからだし汁で煮、調味するとあくが出ない。

d　竹串を刺してすーっと通ったらよく煮えた証拠。

手綱こんにゃく

こんにゃくを手綱の形にすると、
表情が出て味もしみやすくなります。

手綱を締めて
己を律する、
また良縁を
願う意味もあります。

材料（作りやすい分量）

こんにゃく　2枚
だし汁　1カップ
しょうゆ　大さじ3
赤とうがらし　1本

作り方

1　こんにゃくは水からゆで、沸騰後5分ほどゆでてあく抜きをする。

2　手綱こんにゃくを作る。こんにゃくを厚さ8㎜、長さ5㎝に切る。真ん中に3㎝長さの切り目を入れ(a)、切り目にこんにゃくの片端をくぐらせる(b)。こんにゃくが厚いとやりにくい。

3　だし汁としょうゆ、小口切りの赤とうがらしと一緒に中火で煮る。ときどき鍋をゆすって煮汁をからめながらつやを出す。

4　煮上がったらバットに移して冷ますと、からっと香ばしい味になる。

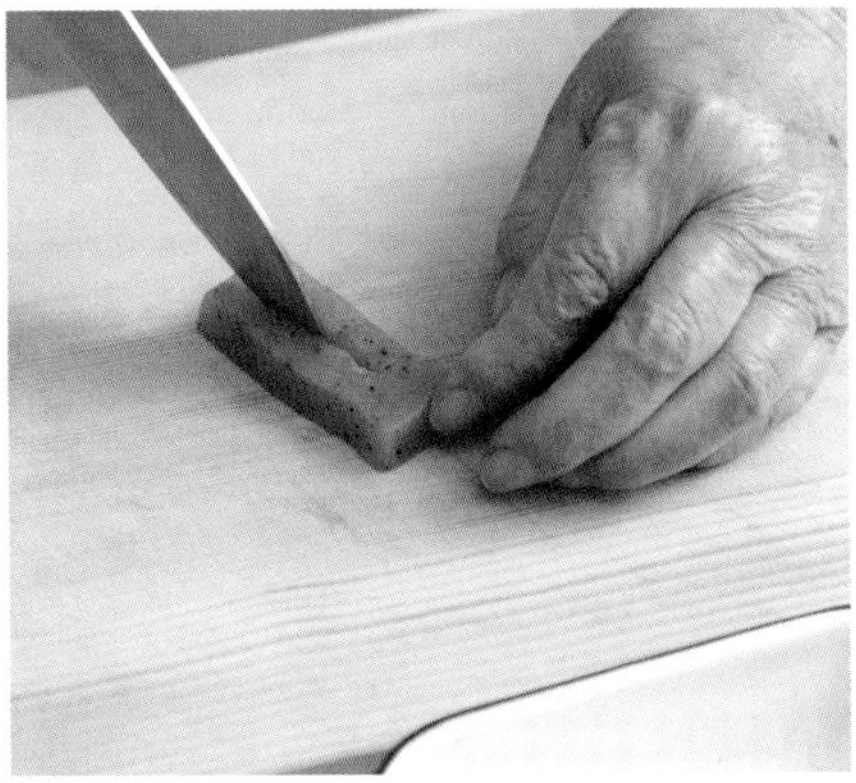

a　こんにゃくは大きさや厚みをそろえて切り、それぞれ中央に切り目を入れる。

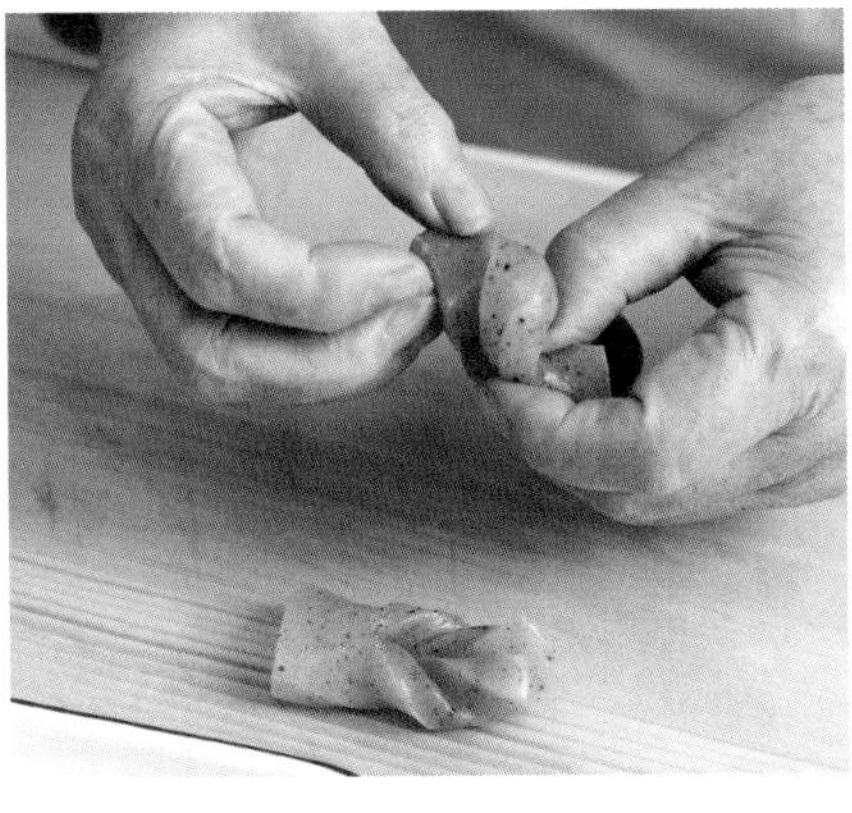

b　こんにゃくの片側を切り目に通すとくるりと返り、手綱の形になる。

くわい

芽が出ている形から、めでたいにかけた縁起物としておせちに欠かせない食材です。くわいは水で煮ます。だしで煮るとうまみが勝ちすぎるからです。

材料（作りやすい分量）

くわい　16個
砂糖　大さじ6
しょうゆ　大さじ1½

作り方

1　くわいの軸（芽）は、5～6㎜残して、切り落とす。

2　軸の根元の皮に、ぐるりと浅く切り目を入れる（a）。

3　皮は8面にむく。まず、底を少しそいで座りをよくし、軸に向けて一気にむく（b）。

4　切ったらボウルの水にさらす。

5　一度ゆでこぼす。徐々に水を注ぎ入れる（c）。

6　水を軸の2～3㎝上まで加え、中火で煮て（d）、あくをすくう。

7　あくをまめにすくいながらしばらく煮、黄色みが増して火が七分どおり通ったら、砂糖としょうゆで調味。紙ぶたをして中火で煮る。弱火でぐずぐず煮ると、かえって身割れしやすい。煮汁は最後まで、軸の上までかぶっていること。足りなければ、途中で湯を補う。竹串がすーっと通れば火を止め、汁の中でそのまま冷まして味を含ませる。

a　この切り目が、皮をむいたとき軸まで取れない歯止めとなる。

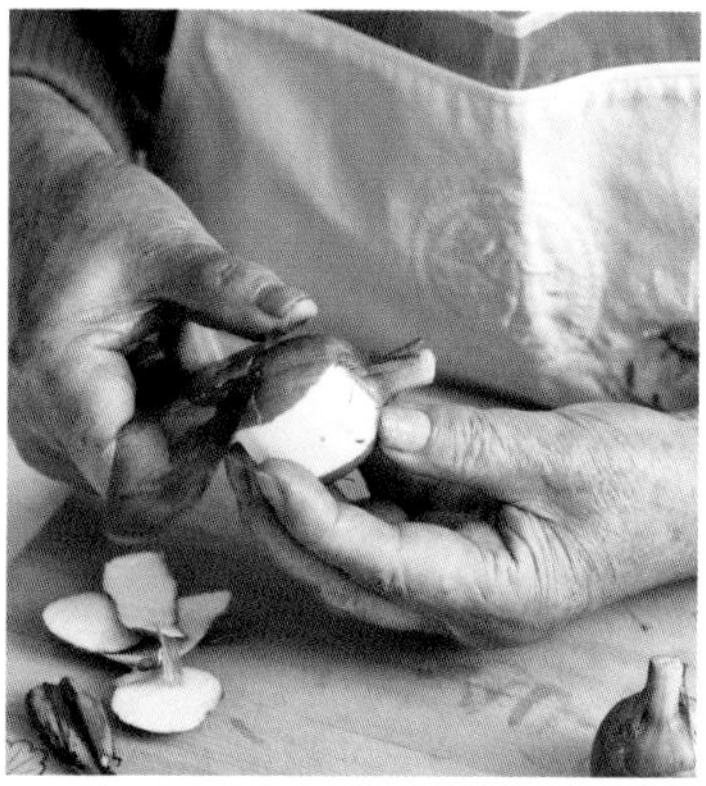

b　対面ごとにむくと、包丁跡がきれい。

c　身割れしやすいので、手の甲に水を受けながら、丁寧に注ぐ。

d　軸が折れないように、また均一に火が通るように、煮汁は最後まで、常に軸の2～3㎝上を保つこと。

しいたけ

干ししいたけは一晩かけてゆっくりともどし、味がよくしみるようコトコトと弱火でじっくりと煮含めます。

材料（作りやすい分量）
干ししいたけ　小20枚
もどし汁、だし汁　各1/2カップ
砂糖　大さじ2
みりん　大さじ1
しょうゆ　大さじ1 1/2

作り方

1　干ししいたけはかぶるくらいの水につけて、落しぶたをしてよくもどす（a）。肉厚のどんこならば一晩かけてゆっくりと。

2　しんまでよくもどったかを確かめる。かさで軸をはさみ、U字に楽に曲がればOK。

3　しいたけの軸を切り取る。かさのつけ根からきれいに落とすには、かさをまな板に当てて切るといい。

4　干ししいたけは、もどし汁とだし汁半々で煮る。中火でひと煮したら砂糖を加える。あくをすくいながら（b）3〜4分煮て甘みを含ませ、みりんとしょうゆを加えて、アルミフォイルで落しぶたをする。

5　しいたけのしんまで味をしっかり含ませたいので弱火にし、コトコト煮る。煮つまってきたら中火にして煮汁をよくからめ（c）、つやを出す。

a　たっぷりの水に浸してよくもどった状態。

b　最初ほどあくがたくさん出るので丁寧にすくい取る。

c　煮汁がすっかりなくなるまで煮ると、しんまで味がしみ込んでいる。

ごぼう

独特の香りと食感はお煮しめになくてはなりません。皮はたわしで軽くこすり洗いをすれば充分。風味が生きます。焼干しがなければ、煮干しでいいです。

材料（作りやすい分量）
ごぼう　400g
焼干し　6尾
酒　大さじ2
しょうゆ　大さじ3

作り方

1　ごぼうはたわしで軽くこすりながら水洗いする。皮はむかないほうがおいしい。
2　ボウルに入る長さに切り、すぐに酢水（分量外）にさらす。空気に触れると黒ずむ。酢水の酢はほんのちょっとでいい。
3　酢水であく止めをしてから食べやすい長さ（3～4㎝）に切り（a）、再び酢水（分量外）に放す（b）。
4　ごぼうは水で煮る。ひたひたの水に焼干し（または頭とわたを取った煮干し）と酒、しょうゆを加えて火にかける（c）。
5　煮立ったら強めの中火にし、ゴボゴボ勢いよく煮立てて早く煮つめ、歯ごたえを残す。煮汁はすっかりからめてつやよく香ばしく。煮上がったら、バットに移して早く冷ます。重箱に詰めるときに、バットに広げた青のり（分量外）を押しつけると彩りがいい。

a　長さをそろえて切るには、2本ずつ並べて切ると都合がいい。

b　酢水の酢の量はほんの少しでいい。味つけのためではないので入れすぎないように。

c　ごぼうは水と焼干しだけで、充分にうまみが出ておいしく煮える。

日の出にんじん

輪切りにした日の出にんじんです。砂糖とみりんでほの甘く煮上げます。赤い色がお重に彩りを添えます。

材料（作りやすい分量）

にんじん　200g
だし汁　適量
砂糖　大さじ2
みりん　小さじ1
塩　小さじ1/3

作り方

1　にんじんは6～7㎜厚さの輪切りにする（a）。1切れずつ包丁で皮をむく（b）。

2　**1**を竹串が通るまで下ゆでする。紅色がさえて、煮たときにも味がしみやすい。

3　湯を捨ててひたひたのだし汁で煮立て、砂糖、みりん、塩を加え、紙ぶたをして中火でつやよく煮上げる。

a　**厚みをそろえて切ると煮上りが均一になり、盛りつけたときもきれいに仕上がる。**

b　**皮を包丁でむいて、きれいな丸形にする。**

蓮根

蓮根の穴から向う側が見通せることから、将来の見通しがいいなどと言ったものです。

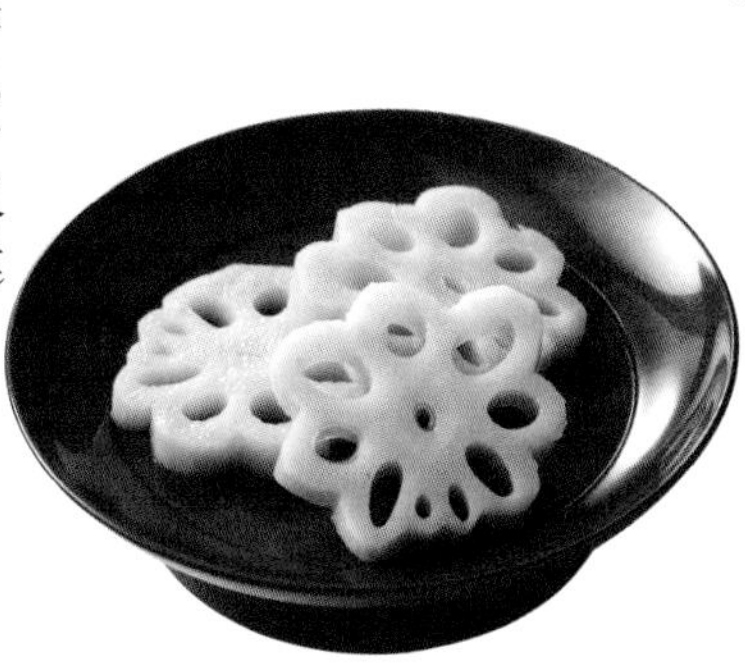

材料（作りやすい分量）

蓮根　2節
だし汁　3カップ
砂糖　大さじ5
塩　小さじ1/4

作り方

1　蓮根は8㎜前後の輪切りにし、花形になるように皮をむく（a）。切る端から酢水（分量外）にさらす。切り口から出るでんぷんを除き、あくで変色するのを防ぐため。

2　**1**を酢（分量外）を少量落とした湯で3～4分ゆでる（b）。色白になる。

3　**2**の湯を捨ててだし汁をひたひたに入れ、煮立てる。煮立ったら砂糖と塩を加え、中火にする。空気に触れると黒ずむので、紙ぶたをして煮る。歯ざわりが残るように4～5分で火を止める。

a　**花形にするには、穴に沿わせて皮をむくといい。**

b　**蓮根はあくが強いので酢水を上手に使うこと。酢の量はほんの少しでいい。**

●口取り
栗きんとん

さつまいもの皮は分厚くむいて、あくを防ぎます。そして乾物のくちなしの実で鮮やかな黄色に仕上げます。

一の重に入れてもいい口取りが、栗きんとんです。伊達巻き同様、味つけはかなり甘めです。でも、甘くなければ芋くさくておいしくないし、きんとんとはいえません。

材料（作りやすい分量）
さつまいも　500g
栗の甘露煮（瓶詰）　200g
くちなしの実　2個
砂糖　2カップ
栗のつけ汁　½カップ
みりん　大さじ4
塩　小さじ⅓

作り方

1　さつまいもは輪切りにして皮を厚くむき（a）、水に放してあくを抜く。

2　1のさつまいもを鍋に入れ、いもの上に2㎝ほどかぶるくらい水を加える。くちなしの実をお茶パックに包み（b）、上から包丁の背でたたいて鍋に入れ、いもがやわらかくなるまで煮る（c）。

3　くちなしの実を取り出して砂糖を加え、煮くずれるまで4～5分煮る。

4　3を裏ごしにかけ（d）、鍋に戻して栗のつけ汁とみりんを加え（e）、木べらで練りながら、とろみがつくまで20分くらい煮る。最初は強火でだんだん弱火に。

5　とろみがついたら栗と塩を加え、温める程度に火を通す。バットに移して粗熱を取る（f）。

a　皮の近くにあくがあるので、むき足りないと黒くなる。

b　くちなしの実は、お茶パックに入れると取り出すときも簡単。

c　白っぽかったいもが、くちなしの色に染まってくるころにやわらかくなる。

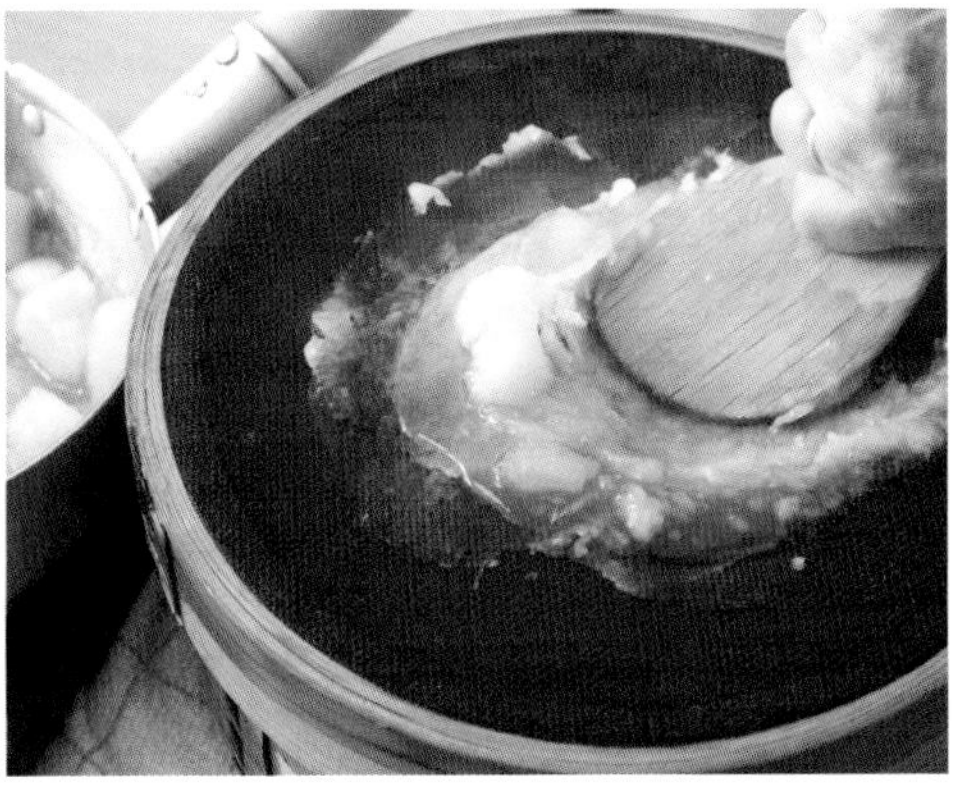

d　こし器の目に対して斜めにしゃもじを動かすのが基本。

e　つけ汁とみりんで、なめらかさとつやを出す。

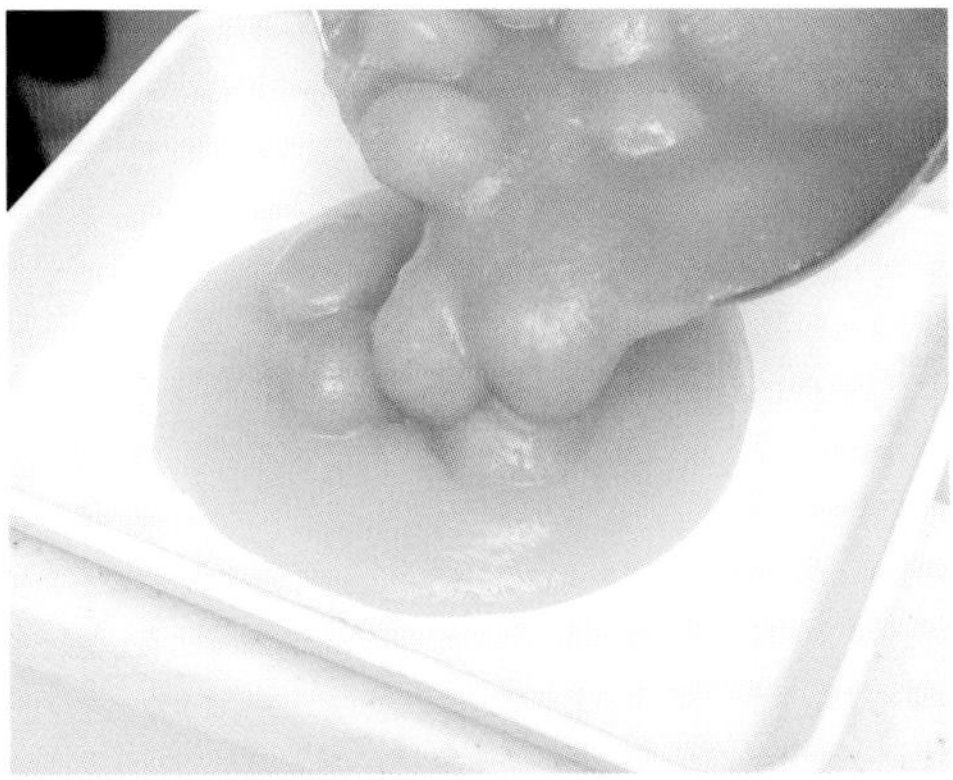

f　栗に火が通りすぎるとまずくなるので、バットに移す。

鏡餅の飾り方

門松やしめ縄は省略しても、どこかにお正月らしさがないと寂しいので、鏡餅は欠かしません。我が家の飾りつけは故郷の八戸風。和紙を敷いた三方の上に裏白と昆布を敷き、その上に大小の丸餅を重ね、上に葉つきのだいだいとゆでた伊勢えびをのせていました。母は伊勢えびを出入りの商人に毎年注文しておりました。ほかにもわさびやくわいなど、一年に一度のことゆえ、奮発するのです。最近では、伊勢えびは豪華すぎるので、趣を変えています。幅広の昆布にゆずり葉、ぎんなん、五葉松、銀と紅の水引を飾ります。

重箱に詰める

おせち料理を重箱に詰めてみましょう。ばぁばは四段重ねを基本にしております。いちばん上の段が一の重で、祝い肴と口取りを詰めます。二の重には酢の物。三の重は焼き物。与の重（与は四の代りで、これも縁起かつぎです）には煮物を盛ります。調理法の違う料理を狭いスペースに盛り合わせることで、味や汁気が混じり合い、せっかくのおせちが台なしにならないよう工夫されてきたものでしょう。また、こうした決り事は地方によって、家々によってさまざまです。私の生家では、黒豆、田作り、数の子の三種祝い肴は陶重に、紅白なますは鉢に盛っておりました。そして、重箱の一の重には口取りや焼き物を。二の重には口取り、焼き物、酢の物を取り合わせて。三の重はいり鶏で、与の重は和菓子でした。

最近では、三段重ねの重箱をお使いのかたも多いでしょう。その場合は一の重には祝い肴と口取り、二の重には焼き物、三の重には煮物を詰めます。

大切な決り事としては、どの重箱にも盛る品数を三、五、七、九いずれかの奇数にすることです。めでたい料理なので、めでたいとされる奇数で縁起をかつぐわけです。そして、盛りつけにも定型がありますのでご紹介します。基本を知っていれば応用が利き、かえって自由に美しく詰められるものです。そして、重箱に詰めるのは案外時間がかかります。二時間ほど時間をとって、じっくりと美しく詰めたいものです。せっかく作ったお料理です。忘れ物がないように作った料理をぜんぶ並べて、見渡しながら詰めましょう。

お重に詰める時は作った料理をぜんぶ並べますよ。見渡しながら詰めましょう。

升かけ

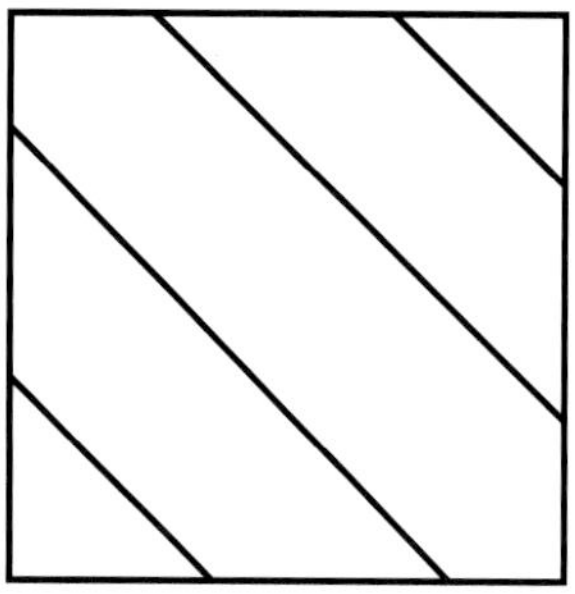

重箱の角に対して、斜めに奇数列になるよう盛る方法です。まず、ボリュームのあるものを真ん中にドンと盛り、中央から隅に向かって順番に盛りつけていくと、うまくいきます。すき間ができたら、南天や菊の葉、松葉をあしらいましょう。

隅取り

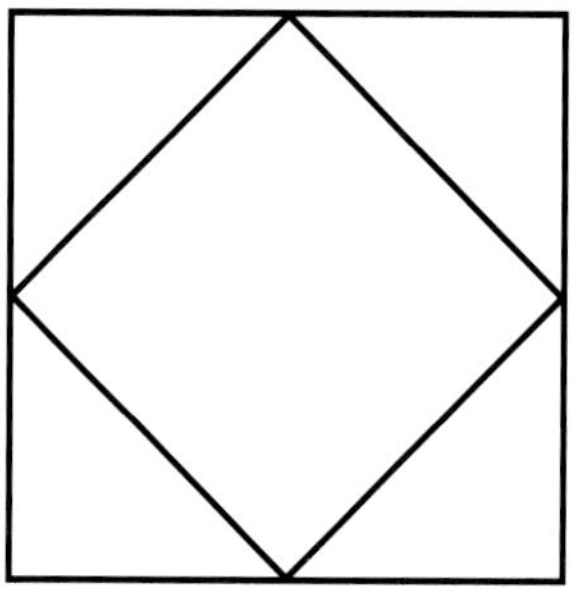

四隅を仕切って5種類の料理を盛る方法です。仕切りは葉らんや竹の皮、菊の葉などを利用します。重箱に合わせて厚紙を切り、葉らんや竹の皮で覆って切り整えると具合がいいでしょう。

まず、最初に盛るのは、真ん中です。見栄えがして、みんなに人気がある料理を選んでください。次に全体の彩りを考えて四隅に盛りましょう。

市松

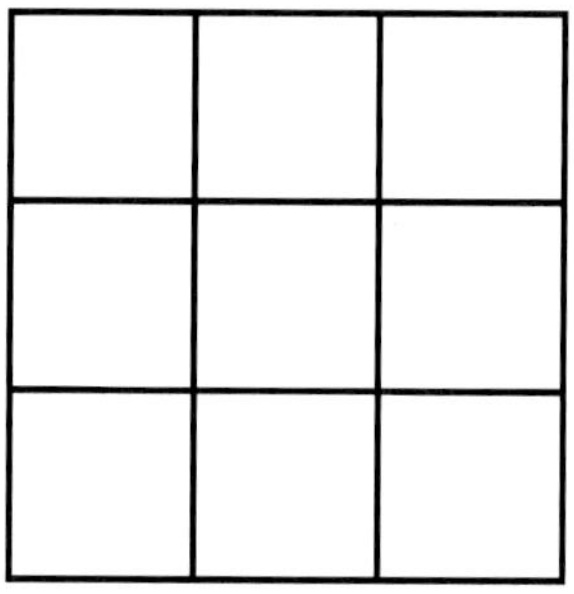

9種類の料理を9個の正方形が並んだように盛りつける方法です。口取りや焼き物、煮物のように品数が多いときに向いています。p.17の二の重が市松です。

料理が互いにくっつくので、味が移らないように柚釜や青竹の筒、小鉢などに入れてから盛ってもいいです。

七宝

七つの宝物にちなみ、7種類の料理を盛ることからこのように呼ばれます。真ん中に柚釜や小鉢などを置き、見栄えのする料理を盛ります。次にまわりにぐるりと6種類の料理を盛り込みます。名前のとおりに彩りよく華やかに仕上げたいもの。色が足りないときは、松葉や万両の赤い実などを添えてもいいでしょう。

段取り

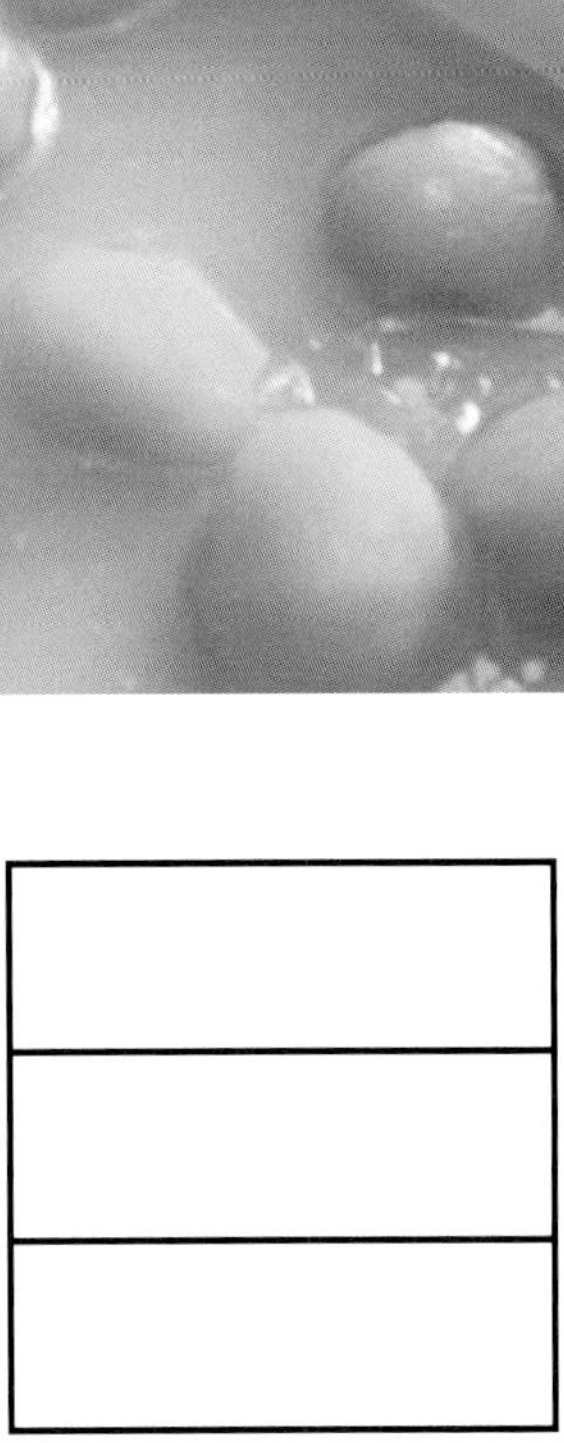

横に3、5、7など奇数段に盛る方法です。ただし、5段や7段に盛るのは、小さい重箱の場合難しいかもしれません。p.15の一の重は3段の段取りです。上の段には口取りと焼き物の3種、真ん中の段にはえびの若菜焼きを、下の段には焼き物や口取りを3種盛りました。

漆盆に盛る

おせち料理を重箱に詰める代りに、大きなお盆や大皿に盛るというご家庭が多いかもしれません。あるいは、めいめいに盛るという方もいらっしゃるでしょう。

昔から〝主のものは上、添えものは手前。山のものが上、海のものが下〟という盛りつけの決り事があります。それに従うと、卵や肉、野菜などの料理は器の中央から後方に、魚介類は前方に、そしてあしらいの酢の物はいちばん手前になります。五色の彩りをバランスよく配することも大事です。黒豆やしいたけなどの黒を生かせると、盛りつけがぐっと引き締まります。松葉やつくばね、千両などを添えますと、いっそう華やかになります。

おせちの一人盛り。
手前の〝花蓮根〟は、
厚さ一センチに切った蓮根を
酢水につけ、
穴に合わせて花形に
周囲を切り、酢を入れた
湯でゆでたもの。

大勢盛り。
みんなが好むものを選んで
自由に盛るもよし。
ころころに切った
牛のたたきを
ミニトマトと串に刺して。

元旦

新年を迎えるお祝いのお膳が整いました。娘夫婦たちに孫夫婦、ひ孫がそろうにぎやかなお正月です。昔は、めいめいの箸袋に家長が名前を書いたものでしたが、今はばぁばのお仕事です。お屠蘇に、おせち料理の詰まったお重やお雑煮、それに海の幸の酒肴などを囲んで新春を寿ぎます。

太郎

●雑煮

南部雑煮 ばぁば風

母が作ってくれた〝南部雑煮〟はイクラがたっぷり入った贅沢なものでした。私もずっと作り続けています。だし汁は昆布とかつお節の合せだしや、鶏ガラスープとの半々でもいいですよ。いったん具をざるに上げて盛りつけをしますと美しく仕上がります。

材料（4人分）

角餅　8個
大根　400g（皮をむく）
にんじん　50g（皮をむく）
ごぼう　100g（たわしでこすり洗い）
鶏ささ身　2本（酒　大さじ⅔）
紅白のかまぼこ（1cm幅に切る）　各4枚
イクラ　大さじ5（酒　大さじ1）
三つ葉　適量（2～3cmに切る）
ゆずの皮（丸くそぐ）　4枚
だし汁　4カップ
A［塩　小さじ1½
うす口しょうゆ　少々
酒　少々］

作り方

1　大根、にんじん、ごぼうは3cm長さ、1cm幅の短冊切りに。ごぼうは酢水（分量外）につけ、水洗いする。
2　大きめの鍋で1を順にかためにに下ゆでし、ざるに上げる。
3　ささ身は、薄いそぎ切りにして酒をふる。
4　イクラは酒をふってほぐす。
5　餅はボウルに入れ、熱湯を注いでふたをし、やわらかくする。
6　鍋にだし汁と2を入れて強火にかけ、煮立ったら3を加え、火が通ったらAで味を調える。かまぼこも入れて温めてから、具をいったんざるに上げる。
7　椀に6の野菜を少し敷いて、水気をきった5の餅をのせ、6の残りと紅白のかまぼこ各1枚をのせて汁を注ぐ。イクラ、三つ葉、ゆずの皮を添え、ふたをしてすすめる。

●雑煮

引き菜雑煮

引き菜雑煮はみそ仕立て。「そろそろお正月気分も終りよ」と家族に知らせるとともに、栄養のバランスも考えられた、忘れられない母の味です。大根もにんじんも縦のせん切りにして、煮すぎないようにしましょう。しゃきっとした歯ごたえを残したほうがお餅ともからんでおいしいですよ。歯ごたえもごちそうのうちですから。

三が日は〝南部雑煮〟、四日目からは〝引き菜雑煮〟。この我が家の伝統は娘たちの家庭にも受け継がれています。

材料（4人分）

角餅　8個
大根　300g（皮をむく）
にんじん　40g（皮をむく）
油揚げ　1枚（油抜きする）
みそ　80g
せり　適量（3～4㎝長さに切る）
だし汁　4カップ

作り方

1　餅は南部雑煮と同様にやわらかくする。
2　大根、にんじんは、3～4㎝長さのせん切りにし、さっと水にくぐらせる。油揚げは、縦二つに切り、細切りにする。
3　鍋にだし汁、大根、にんじんを入れ、強火にかけて煮立ったら中火にし、油揚げを加える。野菜がやわらかくなったら、みそを溶き入れる。
4　椀に3の野菜を少し敷いて1の餅をのせ、残りの野菜を上にのせる。せりを散らして3の熱い汁を注ぐ。

●酒肴

鯛の昆布じめ

酒客にはおさしみが喜ばれます。ひらめや鯛などの白身魚を昆布じめにするのもおすすめです。さくどりしたさしみを昆布ではさんで風味を移すとうまみが増し、もちがよくなります。しめる時間はお好みですが、一～二時間から一晩、または三日でも大丈夫です。日がたつにつれてべっこう色になります。

材料（作りやすい分量）

鯛のさしみ　1さく

塩　少々

昆布（10×20㎝）　2枚

大根、青じそ、ラディッシュ、わさび　各適量

作り方

1　鯛にほんの少しの塩をふる。乾いたふきんで表面をふいた昆布にはさみ、ラップフィルムで包んで冷蔵する（a）。

2　好みの加減にしめた鯛のさしみ（b）をそぎ切りにする。器に大根のけん、青じそを敷き、鯛を盛りつける。ラディッシュの薄切りに、おろしたわさびをのせて。

a　昆布と鯛のさしみがよく密着するようにきちんと包む。

b　しめて1～2時間たった鯛のさしみ。長くしめると、べっこう色になる。

●酒肴

サーモンと大根の奉書巻き

昔のお正月は家に代々伝わる巻物などお宝を飾ったものです。大根を古文書に見立てて使われた奉書紙に見立ててスモークサーモンを巻き、めでたさをこのお料理に託しました。

材料（作りやすい分量）

スモークサーモン（薄切り）　適量
大根　5cm長さ
三つ葉（さっとゆでる）　適量
A
酢　½カップ
砂糖　大さじ2
塩　小さじ½

作り方

1　大根は皮をむいて、桂むきにする（a）。大根の表面をむくように包丁で薄く切り進めながら、帯状にする。塩水（分量外）に放してしんなりさせる。

2　1の水気を軽くきって、Aの甘酢に浸して味を含ませる（b）。

3　2の大根を10cmほどの長さに切ってまな板に広げ、サーモンをのせて端からくるくると巻く（c）。中央をゆでた三つ葉の茎で文結びにする（d）。

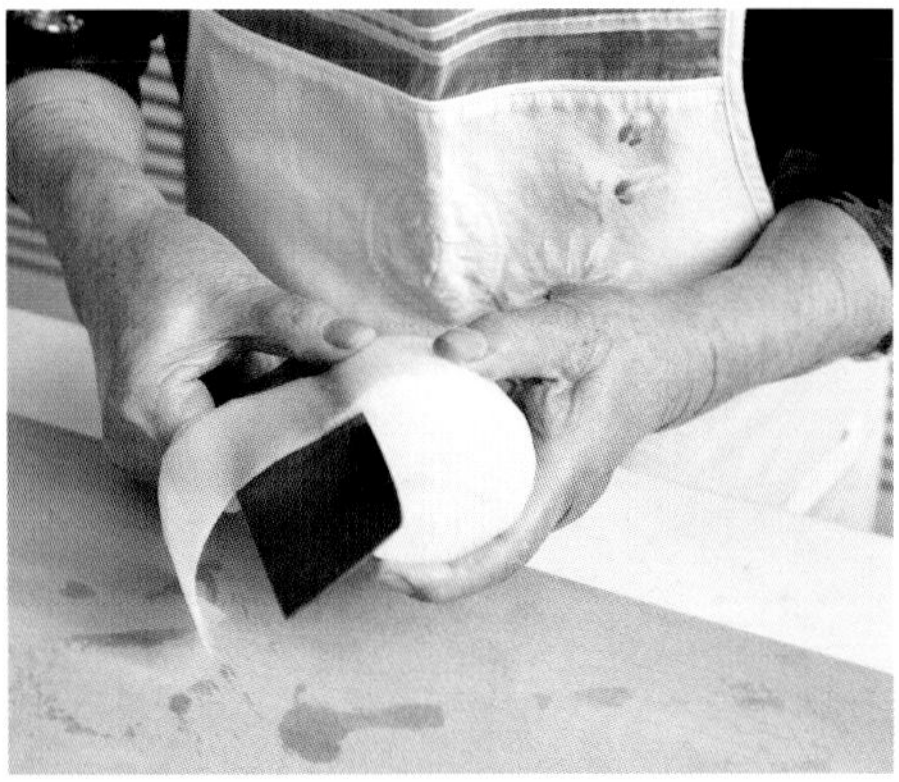

a　よく切れる片刃の包丁を使い、軽く上下に動かしながら、ごく薄く切る。

b　甘酢は小さなバットに作ると浸しやすく、無駄がない。

c　大根の幅に合わせてスモークサーモンをのせて巻く。

d　巻終りを下にして、ゆでた三つ葉で結ぶ。

●鍋物

お楽しみだまっこ鍋

我が家の定番のお鍋です。だまっことはご飯で作るおだんごのこと。粘りが出るまでよくつくと煮くずれしません。豚肉が手軽でおいしいですが、あれば比内地鶏、または合鴨を入れてもいいでしょう。その昔は山鳥や雉を入れる場合もありました。

材料（2〜3人分）

白飯（炊きたて） 米2〜3カップ分
豚三枚肉（薄切り） 100g
油揚げ 2枚
長ねぎ 2本
せり 2束
生梅麩 1本
A
だし汁 9カップ
酒 大さじ3
うす口しょうゆ 大さじ3
塩 大さじ1
ぽん酢しょうゆ＊、もみじおろし＊＊ 各適量

＊ぽん酢しょうゆは、だいだい、またはすだちのしぼり汁、しょうゆ、だし汁を同量ずつ混ぜて作る。
＊＊もみじおろしは、大根の切り口に菜箸で穴をあけ、種を抜いた赤とうがらしを箸で差し込み、ラップフィルムに包んで半日おく。皮をむいて静かにすりおろし、水気をきって使う。

作り方

1 炊きたてのご飯に塩少々（分量外）を加え、すりこぎでよくついて粘りを出す。手水をつけて一口大に丸める。
2 豚肉は食べやすい長さに切って、さっと湯通しする。油揚げは沸騰したお湯で油抜きをして、幅を半分に切り、短冊形に切る。
3 長ねぎは斜めに切りそろえる。せりはよく洗って5cm長さに切る。
4 梅麩は少し凍らせた状態で8mmの厚さに切る。
5 1〜4の具を土鍋に彩りよく並べ入れ、別鍋で温めたAを注ぎ入れて火にかける。火が通ったところから、ぽん酢しょうゆ、もみじおろしでいただく。

●鍋物

たらちり

鍋物にはたらは塊で求めて、少し厚めに切るとおいしいのです。昆布だしで煮て、ぽん酢しょうゆと大根おろしでいただきます。お正月用に湯葉を入れましたが、豆腐を入れてもいいですよ。最後は卵とじのお雑炊にします。とってもおすすめよ。

材料（4人分）

生だら　6切れ
にんじん　100g
ほうれん草　½束
長ねぎ　1本
えのきだけ　½束
生引上げ湯葉　2枚
生麩　1本
くずきり（もどして）　200g
昆布（10×20cm）　1枚
酒　大さじ1
ぽん酢しょうゆ、大根おろし　各適量
ご飯、卵、青ねぎ　各適量

作り方

1　たらは身をくずさないように1切れを三つくらいに切る。

2　にんじんは皮をむいてせん切りに。ほうれん草はよく洗って、5cm長さに切る。長ねぎは斜め切りに。えのきだけは根元を切り落とし、半分に切る。

3　引上げ湯葉、生麩はそれぞれ食べやすい大きさに切る。くずきりは沸騰している湯で下ゆでし、水洗いをして水気をきる。

4　昆布はふきんで両面をさっとふき、鍋にたっぷり水を張ったところに入れて強火にかける。

5　煮立ってきたらたらを加え、再び煮立ったら酒を加え、火を弱めて**2**、**3**を少しずつ加える。

6　煮ながら、めいめいの器に大根おろしとぽん酢しょうゆを入れ、すくっていただく。

7　すべていただいたら雑炊にする。ご飯を入れて煮立て、とき卵でとじて、青ねぎを散らす。

●汁物

たらと昆布のお吸い物

たらは魚偏に雪と書きますとおり、寒くなればなるほど脂がのって、実においしい魚です。この純白のたらと漆黒の昆布だけの一椀は、私のふるさとの味。下ごしらえをして密閉容器に入れておくと、いつでもさっと作ることができて、急なお客さまのときに便利です。

材料（4人分）

たら（切り身）　4切れ
すき昆布　1枚
長ねぎ　1本
だし汁　6カップ
A
　塩　小さじ2
　うす口しょうゆ　小さじ2
　酒　小さじ2
ゆず　適量

作り方

1　すき昆布は水洗いをし、5～6分水につけてもどし、水気をきる。熱湯でさっとゆでてざるに上げ、ざるごと冷水に放して冷まし、水気をよくきる。まな板に置いて、ざくざく包丁を入れる。

2　長ねぎは3～4cm長さに切り、縦に1本切り目を入れて芯を取り除き、せん切りにする。

3　鍋にたっぷりの水、たらを入れて強火にかける。煮立ったら中火にし、白い泡が出るまで2～3分ゆでる。鍋ごと流し台に移し、蛇口にふきんを巻きつけてから、水を流して冷ます（たらの身割れを防ぐ）。たらを丁寧にすくい、ざるに上げる。

4　鍋にだし汁を煮立ててたらを入れ、Aを加える。再びに煮立ったら万能こし器に入れたすき昆布を鍋の端から汁につけ、お玉で汁をすくってすき昆布にかけて温め、お椀に盛る。たらを盛り、長ねぎ、ゆずの皮を添えて熱い汁を張る。

●めん

鴨南蛮そば

ごちそう続きのお正月にはめん類が食べたくなりますね。おすすめは鴨南蛮そばです。鴨の煮汁でつゆを作ります。長ねぎを筋がつくようこんがりと焼いて添えましょう。

材料（作りやすい分量）

合鴨　2枚
サラダ油　大さじ½
水　2カップ
A
- 酒　¾カップ
- しょうゆ　½カップ
- みりん　大さじ2
- 塩　少々

そば（乾めん）　適量
だし汁　適量
長ねぎ　1〜2本

作り方

1　合鴨のローストを作る。合鴨のまわりについている脂を包丁で丁寧に切り取り、肉をしずく形にする。

2　皮を上にしてまな板に置き、フォークで皮をブツブツと突く。

3　フライパンを火にかけてよく熱する。分量の油をひき、皮を下にして合鴨を並べ、中火で4〜5分よく焼く。返して身のほうを軽く焼く。

4　3を取り出して熱湯を回しかけ、鍋に入れて肉の上まで分量の水を加える。Aを加え、煮立つまでは強火、あとは弱火で7〜8分煮る。

5　肉を容器に取り出す。あくをすくいながら汁を冷ます。冷めて固まった脂もすくい取る。肉も汁も冷めたら、汁を肉のほうにこし入れる。

6　そばつゆを作る。鍋に合鴨のつけ汁を注ぎ入れ、3倍量のだし汁を加えて火にかける。煮立ったら、味を調える。合鴨のローストを薄切りにする。

7　フライパンを熱してサラダ油（分量外）を適量ひき、4cmに切った長ねぎをじっくり焼いて、焼き目をつける。

8　そばをゆでて流水で洗い、水気をよくきって6のつゆに加えて温める。器によそい、合鴨のローストと長ねぎをのせる。

●お餅

鮭の磯辺餅

こちらは焼き鮭とのりの相性がよく、おいしくって、二個くらいはペロリといただけます。

私が子どものころは、お餅を何個食べるかで兄弟で競い合ったものです。

材料と作り方（1人分）

1　塩鮭小1切れを焦がさないようゆっくりとよく焼き、皮と骨を取って食べやすくほぐす。

2　餅をふっくらと焼き、中央に切り目を入れ、その切り目に1の鮭をはさんでのりで包む。熱いうちにほうじ茶を添えて。

●お餅
台湾風ねぎ餅

すきやきに入れた餅によく似た食べ方です。台湾びいきのパパの大好物でした。

材料と作り方（1人分）

1　長ねぎ½本を斜め薄切りにし、サラダ油とバター各小さじ1を熱した小さいフライパンに並べていため焼きにする。

2　香りが立ってきたら餅を2個のせて酒、しょうゆ、砂糖、水各大さじ1、みりん小さじ2を加えてふたをし、弱めの中火で5〜6分蒸焼きにする。

●お餅
はちみつレモン餅

さわやかな香りと酸味を楽しみます。お好みですが、甘みをきかせるとおいしいです。

材料と作り方（1人分）

1　餅は軽く焼いて熱湯に浸してやわらかくする。

2　レモンのしぼり汁1個分とはちみつ大さじ3〜4をよく混ぜる。1の餅の水気を軽くきって器にのせ、はちみつレモンをかける。レモンの輪切りを添えて。

●小豆あん

お汁粉

小豆あんは暮れに作って冷蔵庫に入れると二～三週間はもちます。丹波か北海道の新豆を使えば失敗なし。おいしくて早く煮えるので、水につけたりゆでこぼしもしません。

材料（作りやすい分量）
小豆　2カップ
水　5～6カップ
砂糖　3カップ
塩　小さじ1/4
餅　適量

作り方

1　小豆をざるに入れ、流水の下でガラガラと洗って鍋に入れ、かぶるほどの水を加えてすぐ強火にかける。ボウルに小豆のしわのばし用の水1½カップと、あく取り用の水適量をそれぞれ張っておく。

2　1が煮立ったらしわのばし用の水½カップを加え、沸騰を静める。これをあと2回繰り返したら、弱火にしてあくを取りながら煮る。はじめの10分ほどはどんどん出てくる。

3　水が豆の上2cmになっているよう注意して、必要なら水を足す。親指と小指ではさんでつぶれるくらいまでやわらかく煮る。

4　40分ほどたってやわらかくなっていれば、砂糖を加え、表面にアルミフォイルをぴったりとかぶせて7～8分煮、塩を加えて3～4分煮、アルミフォイルをかぶせたまま火を止めてよく冷ます。

5　4のあんを1人分につき、お玉に1杯分、別の鍋に入れ、水を少し足して火にかける。木じゃくしで混ぜながら、グツグツいうまで温める。

6　1人分につき餅1～2個をこんがり焼いてお椀へ入れ、温めたあんを上からかける。

●おかゆ
七草がゆ

松の内最後の七日に、冬場の栄養補給にもなる七草がゆを食べて、新年の無病息災と五穀豊穣を祈ります。そらで春の七草を言えますか。「せり、なずな、ごぎょう、はこべら、ほとけのざ、すずな、すずしろ、これぞ七草」と申します。

我が家では
せりとすずしろ（大根）で
作ります。

材料（作りやすい分量）
米　1カップ
水　5カップ
せり　3株
大根の葉　少々
塩昆布　適量

作り方
1　米は手早くといで鍋に入れ、分量の水を加えて30分ほどおく。
2　鍋を強火にかけ、煮立ったら弱火にし、そのまま40分ほど炊く。火を止めて7～8分蒸らす。
3　せり、大根の葉は細かく刻む。これを2の白がゆに加えてまんべんなく混ぜる。箸休めに塩昆布を添えて。

おかゆのこと

おかゆは水との配合による呼び名があります。全がゆは米1に対して水5で炊いたものです。七草がゆも全がゆです。七分がゆは米1に対して水7。五分がゆは米1に対して水10。三分がゆは米1に対して水20。重湯は五分がゆ以上でできる、おかゆの汁です。

おかゆは緊急食でもあります。胃腸の調子が悪いときや、病人が出たときの養生食になります。また、赤ちゃんが初めて口にする離乳食も、重湯から始まります。急を要するときは米から炊かなくても、ご飯に水を足して炊いてもいいのです。日本人の食生活とは切っても切れない大切なものですから、もっと身近に取り入れていただきたいと思います。

おだし

おだしはいちばん大事です。いろいろ種類もありますが、おせち料理には、昆布と削りがつおの合せだし、昆布だしを用意すればいいでしょう。また、ばぁばの故郷には、焼干しがあります。一人につき一尾でいいおだしが出て、お煮しめには欠かせません。

おだしを料理によって
使い分けることができれば、
料理の腕も
なかなかのものですよ。

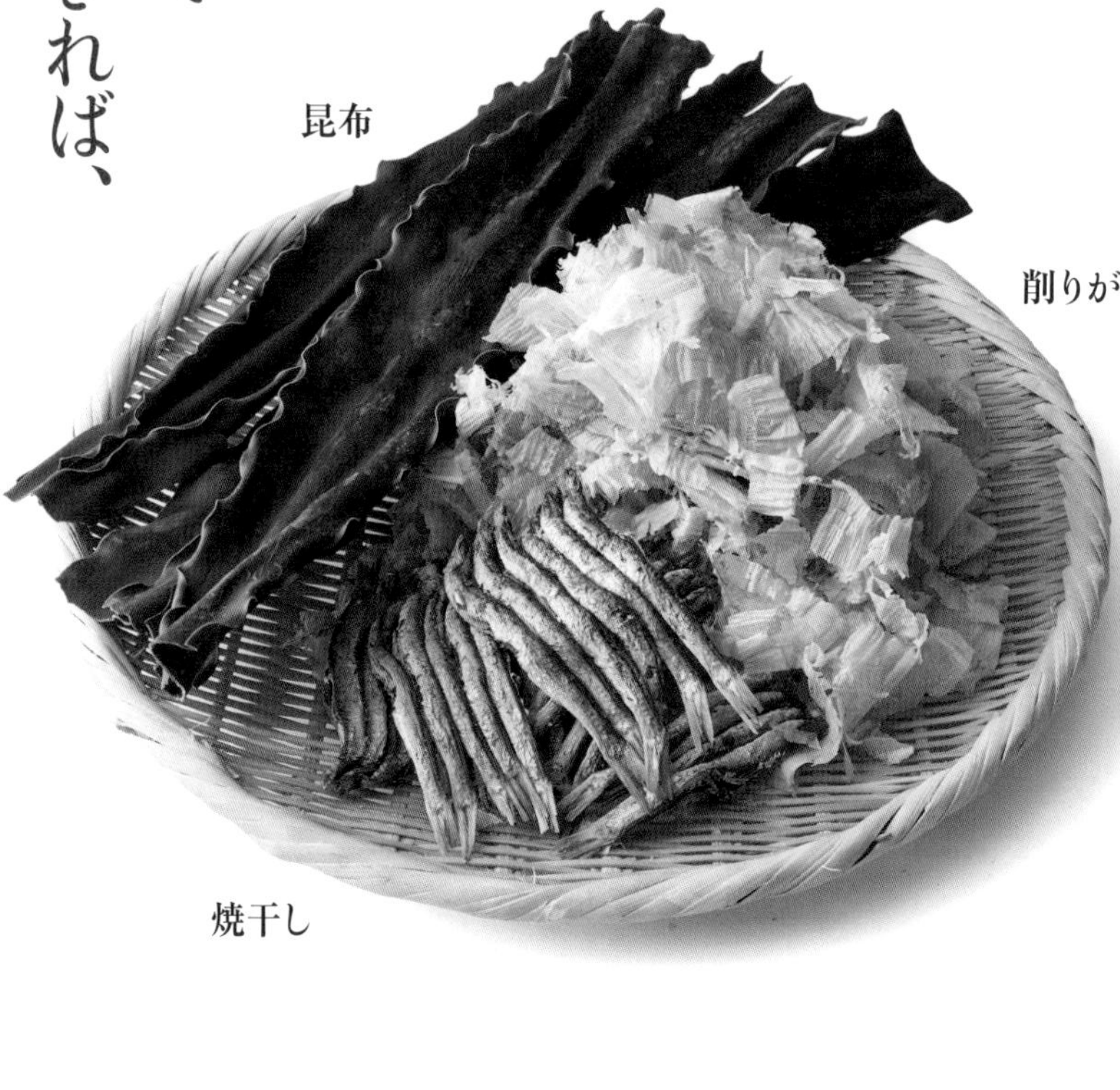

・昆布

お雑煮やおせちには品のいいおだしをとりたいものですね。日高、利尻、羅臼産などの値の張る上物がまちがいありません。あまり黒々したものより少し茶色がかったものがよろしいです。

・削りがつお

煮しめやお吸い物用には血合いのないものを使うと、すっきりとしたうまみが出ます。年越しそばのつゆ用には血合いのあるものがこくがあっておいしいです。封を開けたら冷蔵庫で保存して、味の変わるのをなるべく防ぎます。

・焼干し

おだしの逸品素材です。片口いわしの頭とわたを取って軽く乾かし、串を打って炭火で焼いて、また干す。そんな手間ひまをかけて魚の脂をしっかり除いているから、お味もよく日もちもします。

昆布と削りがつおの合せだし

二種類のうまみが相乗効果になって、濃いおだしがとれます。

材料（作りやすい分量）
昆布（10×30cm）　1枚
削りがつお　50g
水　6カップ

作り方

1　昆布はさっと汚れをふき、鍋に入れて分量の水を加える。火にかける。煮立つ直前に昆布を取り出す。

2　**1**の鍋に削りがつおを一度に入れる。煮立ったら火を止めてあくを取り除き、そのまま削りがつおが沈むまで待つ。

3　ざるに固く絞ったふきんを広げ、ボウルに重ねて、**2**を注いでこす。絞らずに自然に水気をきる。

昆布の水出し

水に浸しておくだけで上品な昆布だしがとれます。

材料（作りやすい分量）
昆布（10cm長さ）　3枚
水　4カップ

焼干しだし

昆布の水出し

昆布と削りがつおの合せだし

作り方

1　昆布は乾いたふきんでさっと汚れをふく。

2　密閉容器に入れて分量の水を注ぎ、一晩おく。

*昆布は2〜3回、水を取り替えて使うことができる。だしをとった昆布は冷凍しておき、量がたまったら、つくだ煮にするといい。

焼干しだし

ばぁばの故郷、青森の名産品。片口いわしの頭とはらわたを取り除いて焼き、干したものです。力強いうまみがあります。一人分につき一尾が目安で、だしをとった後、焼干しもおいしくいただけます。お煮しめのごぼう（p.54）を煮るときは、あらかじめだしをとることなく、焼干しと調味料を加えてじかに煮ます。引き菜雑煮（p.67）のおだしにもおすすめです。

材料と作り方
ボウルに水4カップと焼干し4〜5尾を入れ、酒少々を加えて、一晩おく。

漆器の手入れ

器と料理の関係はとても大事なもの。おせち料理を盛りつけるときに、なくてはならないのが漆器です。お料理のこまやかな美しさ、おいしさを引き立てるのが漆器です。しかも漆はとても丈夫ですから、お椀にあつあつの汁を張ってもびくともしません。大事に使えば、まさに漆器は一生もの。いえ、孫子の代まで使えますよ。

日本の各地にすばらしい塗り物がありますが、母、お千代さんが好んで使い、私も愛用しているのが秀衡《ひでひら》塗です。地元の人々が慈しみ、今に伝えられております。もともとは平安時代末期に岩手県平泉で栄えた奥州藤原氏三代目の当主、秀衡が京から職人を招いて、奥州の漆や金をふんだんに使って造らせたのがはじまりとか。源氏雲と呼ばれる雲の形、菱形を組み合わせて作る文様、生命力あふれる赤松文様など、いかにもりりしく格調が高い。そうしたところに魅力を感じます。

お手入れはとても大事。洗うときに洗剤は使いません。

お椀を洗ってみましょう。たらいに大きな布を敷きます。そこにぬるま湯をためて、蛇口の下でお椀の汚れをやわらかい布でやさしく洗ってから、すすぎます。ふくときは落とさないようテーブルの上で。一度目はタオルでふきます。両手でお椀とタオルをしっかり持ち、長いタオルの端をうまく使ってくるくる回しながらふきます。内側、外側、糸底まで、しっかりとふきます。そして必ず二度ぶきをします。やわらかいガーゼのようなもので、水気をよくふき取ります。昔は、和服の裏地の紅絹《もみ》を使いました。女たちが集まって和気あいあいとやったものです(ちゃんとふいているかどうか、目の端で見られたりもしながら)。

このように丁寧にふいているうちに、漆器はつやが増していきますよ。ふいてしばらく出しておき、よく乾いたら箱に元のとおりにきちんとしまいます。こうしておくと、次に使うときにはさっとふき清めてすぐに盛りつけられます。重箱や折敷、お盆なども同じように手入れをして大切にしましょう。

大事に使えば、まさに漆器は一生もの。いえ、孫子の代まで長く使えますよ。

ばぁばから
みなさんへ

おいしいおむすびの第一条件は炊きたてのご飯。私は結婚当初からずっと文化鍋でご飯を炊いてるの。火加減さえちょっと気をつければ、炊飯器よりずっと早く炊けるのよ。寒いからって、泡立て器なんかでお米をとがないでね。横着したらご飯もおいしくなくなるわよ。水が冷たい時は、あらかじめお湯をくんでおいて、手を温めながらシャッシャッてとぐの。

炊き上がったら、あつあつをにぎりますよ。掌《たなごころ》に平気でのせられるような温度ではだめ。おにぎりはあつあつじゃないとおいしくないの。手水で軽く湿らせたら、右手の中三本の指先に塩をつけ、左の掌をさらりとなでるようにして塩をのばします。それ以上つけるとしょっぱくなりすぎますからね。私のおむすびは三角じゃなく丸。おいしいわよ〜。

おてんばだった子ども時代

私は大正一三年に青森県の八戸市で、六人兄姉の末っ子として生まれました。小学校の一年生から六年生までは親族の家で育てられたのよ。あのころはお嬢さまだったわね〜。おてんばで、お琴や日本舞踊、三味線を習っていたけれど、どれも大嫌い。だけど、食べることは大好きだったのね。母の作る料理はおいしいだけでなく、彩りや器との取合せもよく、洗練されて美しいものでした。そして料理を通して、段取りやお作法、おもてなし、人に対する礼儀や気遣いなどを教えてくれました。

篆刻家《てんこくか》だった父は毎日晩酌をしていたので、夕方になると母は七輪を使って酒の肴を作りはじめます。そこへ、私がおふきんや水き

「掌《たなごころ》に平気でのせられるような温度ではだめ。おにぎりはあつあつじゃないとおいしくないの」

りのざるなど、母の欲しいものをひょいと差し出す。だから学校でも「家事」、今でいう家庭科ね、それと体操と音楽だけが「甲」で、あとは全部「丙」。家事の中ではお裁縫も苦手でしたので、家に持って帰って「何でも言うことをきくから、これを縫ってちょうだい」と言って家族にやってもらっていました(笑)。

戦時中は、八戸も爆撃を受けたんですよ。一度、たんぼのあぜ道を歩いていた時に戦闘機が飛んできて、アメリカ兵のパイロットがかけている眼鏡まで見えたことがありました。向うも私のことが見えていたと思います。でも、攻撃することなく通り過ぎた。きっとあぜ道でじっとして動かなかったのがよかったのね。

当時、私は挺身隊に動員されていました。大佐殿のご機嫌が悪い時、係の女学生がお茶を持っていこうとすると、副官が「待てい！」と呼び止め、「おまえがお持ちしろ！」なんて言って、私にお茶を持っていかせるの。扉を開けて私が入ると、それまで頭から湯気を出して怒っていた大佐殿のご機嫌が直って、「おお、来たか」と引出しからチョコレートやキャラメルを出してくださった。お茶の出し方がよかったかどうかなんてわからないわよ。だって、一八、九のころだもの。当時は母が小さなポシェットを作ってくれて、その中にいつもいった大豆を入れてくれました。だけど食いしん坊だから、私のポシェットの中身はあっという間に空っぽ。母は「おめさんのがいつも最初になくなる」って言いながら足してくれていました。

食料が手に入りにくい時代だったけれど、八戸では漁師さんが魚をとってきては分けてくださるから、うちのお台所はいつもにぎやか。うにやあわびといった到来物があると、みんな台所に集まってきて「お！今夜はごちそうだ！」って大騒ぎ。だから、戦時中もなんだか楽しかったわよ。

転機となった夫のひと言

戦後、昭和二二年に結婚して東京に来ました。もんぺ姿で汽車の窓から押し込められて、すごい人。上野までの一四時間は、ずっと立ちっぱなしでした。途中で汽車が少しの間停まったので窓の外を見たら、日暮里という駅名。その「日暮れの里」って文字を見たら、もう帰りたくて帰りたくてね(笑)。同居することになっていた夫の姉夫婦の家がある大森に着いたら、一面焼け野原。歩いていくと高台に赤い三角屋根の家が見えてきて、夫があそこだよと教えてくれました。

ところが中に入ると、おままごとかと思うくらいとてもモダンな洋風のお台所なのよ。真ん中に調理台があり、流しには銅《あか》が貼ってあってね。蛇口をひねれば水が出てくる。それを見て私は驚くと同時にすっかりうれしくなって「日暮れの里」のことはすっかり忘れてしまいました。

当時の東京は闇市ばかりで、食料の確保が大変だったのよ。そんな中、月に一度くらい、運送会社のおじさんが「鈴木さん、書籍」って言いながら、にやっと笑って木のりんご箱を置いていくの。開けると箱いっぱいに詰まったじゃがいもやお米。娘の生活を気遣って送ってくれる母の心尽しは、物がない時代、ほんとうに助かりました。義姉もまたお料理がとても上手で、私がそれまで見たこともなかった洋食を教えてくれました。青森と東京の違い、生活習慣の違いに緊張しながらも、新しいことにわくわくしていたころね。

　結婚して初めてのお正月、夜遅くまでおせちの準備をしていた私に、ふだん無口な夫がふいに「楽しいかい?」と尋ねてきて、私は「楽しいわよ〜」と答えました。それまであまり自覚していなかったけれど、その夫のひと言が、お料理こそ心から楽しめて自分らしくいられる世界かもしれないと気づかせてくれたのです。

　息子と二人の娘の母親として専業主婦をしていたある年の瀬のこと。ご近所に住んでいらした少しお体が不自由だったおばあさまに、五段のおせち料理とばら一輪を添えてご挨拶に伺いました。そこから親しいおつきあいが始まり、ときどきお届けしていたお料理がおいしいという評判が広がり、近所の同じ学校に子どもを通わせているお母さんたちに請われて料理教室を開くようになりました。そして四六歳の時にNHKの「きょうの料理」に出演。ばぁばという呼び名は、今から二〇年くらい前にその番組のディレクターさんに、「おばあちゃんでもおばあさんでもなく、ばぁばとお呼びするのはどうかしら?」と言われて決まったの。それが「ばぁば」の始まりね。

食べることは生きること

　五〇年間、料理教室をやってきて、最近はみなさん、なるべく「楽」なほうに行きたがるのが気にかかっています。食べることは生きること。その大切さを今の若い人たちはどこまでわかっているかしら。たまには買ってきたお惣菜でもいいかもしれないけれど、そのまま食卓に並べるのでは情けない。ちゃんと彩りを考えて、食べやすいように並べて器に盛りつける、そのくらいのことはできるでしょ。自分の頭と手を使うことは誰にでもできる。何も高望みしなくていいのです。あるものでおいしい〝うちの味〟を作ればいい。昔はどこの家庭にも〝うちの味〟というものがありましたけれど、今はあの店の何を食べたという方向にばかり気持ちがいっているような気がします。

　母の手料理でいちばん心に残っているのは、丁寧におだしをとったお吸い物。使うのはいきのいい白身のお魚。はんぺんもひらめなどを使って手作りしていました。病人のお見舞いに行く時は、卵の黄身を入れた黄色いはんぺんと、白いはんぺん、スープをセットにしてお持ちしていました。それまで食べられなかったという人も、これだったらおいしく食べられるのよ。

　今の若い人たちは面倒がるけど、日本料理の基本はやっぱりおだし。確かに、今、幅の広いだし昆布は贅沢品よね。だから市販のパックを使うのが悪いとは言いません。でも、きちんと昆布と削り節とでおだしをとる方法も覚えておいて、両方を使い分ければいいのよ。日本独特の文化といえるおだしの味わいは、ぜひお母さまから子どもたちへと伝えていってほしいですね。

　それから季節の食材を使うこと。季節ごとにおいしいものをいただくのは、ばぁばの健康の秘訣です。この前、生徒さんに「旬のものってどうやったらわかるの?」ってきかれたから、「八百屋さんに山積みされていて安いもの、それが旬のものよ」って言ったら「これまでいちばんわかりやすい!」って言われました。日本には四季折々の食材があって、時ならぬものは高いから家庭料理には使わない。そう心がけていれば大丈夫よ。

相手をおもんぱかる

四季だけでなく、日本にはいいところがたくさんあります。立居振舞いもその一つ。買い物に行く途中で知合いに会うと、母はいつも丁寧に丁寧に挨拶するのです。それを見ながら子どもの私は、早く「おすんずがに」にならないかなあと思っていました。「おすんずがに」とは「お静かに」という意味。お辞儀をしながらそう言って、そろえた指先を先さまの行く先にそっと差し出すと、やっとお別れ。その様子のよさ、所作の美しさは今も心に残っています。箸使いの美しい方に対しても、母はよく「様子のいいお方じゃ」と言っていました。今風に言えば「かっこいい」。母たちの言葉はやわやわとしていましたね。

実家ではお食事の時、いつも大きな鉢に漬物が三種類くらい並んでいました。お取り箸を使って自分のお皿に取り分けるのだけれど、最初から欲張って取りすぎると母はぱっと私のほうを見るの。それで「あ、しまった！」とわかるのね。がみがみ言わずに、ちらりと見るだけ。そんな母の教えをひと言でいうならば「相手をおもんぱかる」ということ。家族への思いやり、人さまへの気配り。おいしい料理を作ることも、相手のことを思いながらできることの一つなのです。

気がつけば九六歳。寿命というのは誰にでもあります。あらがいようがないから、そこは成行き。大腸がんに肝臓がん、糖尿病、心筋梗塞とこれまでいくつも大きな病気をしたけれど、「もっとおいしいものを食べたい」という気持ちだけはなくならないの。食べることは、ばぁばにとって生きることそのもの。入院していた間も、おすしに茶碗蒸しと、お献立のことばかり考えていたもの(笑)。

「四季折々の食材があって、時ならぬものは高いから家庭料理には使わない。そう心がけていれば大丈夫よ」

鈴木登紀子（すずき・ときこ）
日本料理研究家。1924年青森県八戸生まれ。自宅で主宰した料理教室が評判を呼び、46歳で料理研究家としてデビュー。料理番組「きょうの料理」への出演は40年を超え、ばぁばの愛称で親しまれている。著書多数。近著に『ばぁばの100年レシピ 母から私に。そして若い人へおくる味』（文化出版局）がある。

テーブルクロスの協力
アクセルジャパン
電話03-3382-1760

アートディレクション
木村裕治
デザイン
川崎洋子（木村デザイン事務所）
撮影
工藤雅夫
浅井佳代子（82、83ページ）
文
辻 さゆり（83～86ページ）
校閲
山脇節子
編集
浅井香織（文化出版局）

＊本書は雑誌『ミセス』（文化出版局）2020年1月号掲載の料理企画に撮りおろしを加えて、加筆し、再編集したものです。また同年4月号の取材記事を一部を除き転載しています。

健康と幸せを招く
ばぁばのおせち

2020年11月22日 第1刷発行

著　者　鈴木登紀子
発行者　濱田勝宏
発行所　学校法人文化学園 文化出版局
〒151-8524 東京都渋谷区代々木3-22-1
電話03-3299-2565（編集）
　　03-3299-2540（営業）
印刷所　凸版印刷株式会社
製本所　大口製本印刷株式会社

文化出版局のホームページ　http://books.bunka.ac.jp/